新时代新理念职业教育教材·机车车辆类

铁道机车车辆电机

主　编　李长生　吴　谦　王长鹏

副主编　徐　博　董小平　柳　婷

石成龙　尚鸿喜　李　刚

主　审　许大勇

北京交通大学出版社

·北京·

内 容 简 介

本书根据铁道机车及城市轨道交通车辆专业电机课程的特点，主要阐述各类电机的基本原理、基本结构、运行特性和相关参数。全书按照直流电机、交流发电机、交流电动机和变压器的顺序进行编写，并分别将直流电机在机车上的应用、交流发电机在机车上的应用、三相异步电动机在机车上的应用各作为一个任务单独列出。

本书的知识内容由浅入深、循序渐进，叙述简洁易懂，便于学生阅读理解和掌握。

本书可作为铁道机车及城市轨道交通车辆专业的教材，内容符合教育部所规定的铁道机车专业及城市轨道交通车辆专业电机课程的基本要求。

图书在版编目（CIP）数据

铁道机车车辆电机 / 李长生，吴谦，王长鹏主编. —北京：北京交通大学出版社，2023.2
ISBN 978-7-5121-4884-0

Ⅰ. ① 铁… Ⅱ. ① 李… ② 吴… ③ 王… Ⅲ. ① 机车车辆－电机－教材 Ⅳ. ① U26

中国国家版本馆 CIP 数据核字（2023）第 026128 号

铁道机车车辆电机
TIEDAO JICHE CHELIANG DIANJI

策划编辑：张 亮 责任编辑：陈可亮
出版发行：北京交通大学出版社 电话：010-51686414
地　　址：北京市海淀区高梁桥斜街 44 号 邮编：100044
印 刷 者：北京时代华都印刷有限公司
经　　销：全国新华书店
开　　本：185 mm×260 mm 印张：6.25 字数：141 千字
版 印 次：2023 年 2 月第 1 版 2023 年 2 月第 1 次印刷
印　　数：1～2 000 册 定价：29.00 元

本书如有质量问题，请向北京交通大学出版社质监组反映。对您的意见和批评，我们表示欢迎和感谢。
投诉电话：010-51686043，51686008；传真：010-62225406；E-mail：press@bjtu.edu.cn。

前言

本教材是根据铁路高职（中专）教育城市轨道交通车辆运用与检修专业、电力机车运用与检修专业、内燃机车运用与检修专业教学计划中"电机"课程教学大纲的要求编写的。

本教材内容强调以够用为度、以实用为目的，突出能力培养，注重同各个岗位职业标准要求接轨。车型包括 HXD_3、HXN_5、SS_4 改、DF_{4B} 及部分城市轨道交通车辆车型。另外，本教材内容涵盖驾驶及检修专业教学计划中对电机的要求，教学中的课程根据教学大纲、结合专业情况可适当删减。

本教材共有 3 个学习项目 15 个学习任务，是编者按照一体化课程要求，以职业典型工作任务为载体，按照新手—生手—熟手—能手—高手的逻辑顺序排列的。其中，王长鹏参与了项目 1 下任务 1.1、任务 1.2 的编写，石成龙参与了项目 1 下任务 1.3 的编写，李长生参与了项目 1 下任务 1.4、任务 1.5 的编写，吴谦参与了项目 2 下任务 2.1、任务 2.2 的编写，柳婷参与了项目 2 下任务 2.3、任务 2.4 的编写，董小平参与了项目 2 下任务 2.5、任务 2.6 的编写，尚鸿喜参与了项目 2 下任务 2.7 的编写，徐博参与了项目 3 下任务 3.1、任务 3.2 的编写，李刚参与了项目 3 下任务 3.3 的编写。另外，本教材在编写过程中，参考了许多其他教材和有关论著，吸收了许多专家同仁的观点。所附参考文献是本教材重点参考的论著。在此，特向在本教材中引用和参考的教材、专著的作者表示诚挚的谢意。

因编者水平有限，书中难免存在错误，衷心希望各位读者给予批评指正。

编　者

2022 年 11 月

目录

项目 1 直流电机 ……………………………………………………………… 1

  任务 1.1 直流电机的基本知识 ………………………………………… 1

  任务 1.2 直流电机的电枢绕组 ………………………………………… 7

  任务 1.3 直流电机的电枢反应与换向 ………………………………… 11

  任务 1.4 直流电机在机车上的应用 …………………………………… 17

  任务 1.5 直流电动机的工作特性及直流串励电动机的调速与反转 ……… 27

项目 2 交流电机 ……………………………………………………………… 31

  任务 2.1 同步发电机的基本知识 ……………………………………… 31

  任务 2.2 三相交流感应子发电机的基本知识 ………………………… 33

  任务 2.3 交流发电机在机车上的应用 ………………………………… 35

  任务 2.4 劈相机的基本知识及应用 …………………………………… 41

  任务 2.5 步进电动机的基本知识及应用 ……………………………… 46

  任务 2.6 三相异步电动机的基本知识 ………………………………… 50

  任务 2.7 三相异步电动机在机车上的应用 …………………………… 63

项目 3 变压器 ………………………………………………………………… 72

  任务 3.1 变压器的基本知识 …………………………………………… 72

  任务 3.2 变压器在机车上的应用 ……………………………………… 84

  任务 3.3 平波电抗器 …………………………………………………… 88

参考文献 ……………………………………………………………………… 91

项目 1

直流电机

 项目描述

电动机是机车动力的提供装置，具有牵引、制动工况和良好的通风换向状况，以及在应用过程中起动、反转、调速、制动的方法。

通过该项目的学习，可以使学生对牵引电动机有明确的认知，最终掌握 DF_4 和 SS_4 等常用机车牵引电动机的结构与检查维护方法。

 项目教学目标

1. 能力目标

❖ 培养学生分析问题和解决问题的能力；
❖ 培养学生一般故障和应急故障处理能力，以及机车电机结构与检查维护方法。

2. 知识目标

❖ 熟悉机车牵引电动机的结构特点；
❖ 掌握直流牵引电动机换向的概念；
❖ 熟悉火花产生的原因与防止方法；
❖ 掌握机车直流牵引电动机起动、反转、调速、制动的方法；
❖ 掌握直流串励牵引电动机的工作特性、转矩公式。

3. 素质目标

在主要注重学生理解、掌握的同时，还要培养学生的自主学习能力、查阅资料能力、独立工作能力、团队协调能力，同时加强培养学生的安全工作意识及团队合作精神。

任务 1.1 直流电机的基本知识

 任务描述

通过对比学习直流电机的 3D 模型实物与学习资料，熟悉直流电机的可逆性，能够区分直流发电机和直流电动机的工作原理，掌握直流电机的基本结构及作用。

直流电机是直流发电机和直流电动机的总称。直流电机具有可逆性，既可作直流发电机使用，也可作直流电动机使用。作直流发电机使用时，将机械能转换成直流电能输出；作直流电动机使用时，则将直流电能转换成机械能输出。

1.1.1 直流电机的基本工作原理

1. 直流电机的模型结构

图 1.1 所示为一台直流电机简单模型。N、S 为定子上固定不动的两个主磁极，主磁极可以采用永久磁铁，也可以采用电磁铁。在电磁铁的励磁线圈上通以直流电流，便形成一定极性的磁极。在两个主磁极 N、S 之间装有一个可以转动的、由铁磁材料制成的圆柱体，圆柱体表面嵌有一组线圈 abcd（称电枢绕组），线圈首末两端分别连接到两个弧形的铜片（称为换向片）上，换向片之间用绝缘材料构成一个整体，称为换向器，其固定在转轴上（但与转轴绝缘），随转轴一起转动，整个转动部分称为电枢。为了接通电枢内电路和外电路，在定子上装有两个固定不动的电刷 A 和 B，并压在换向器上，使其转动接触。

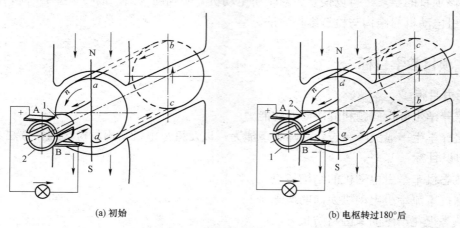

(a) 初始   (b) 电枢转过180°后

图 1.1 直流电机简单模型

2. 直流发电机的工作原理

1）感应电动势的产生

当直流发电机的电枢被原动机拖动，并以恒速 n 逆时针方向旋转，如图 1.1（a）所示，线圈两个有效边 ab 和 cd 将切割磁力线，而产生感应电动势 e。其方向由右手定则确定，导体 ab 位于 N 极下，导体 cd 位于 S 极下，线圈两个有效边产生感应电动势方向分别为 $b \to a$ 及 $d \to c$。若接通外电路，电流从换向片 1→A→负载→B→换向片 2，电流从电刷 A 流出，具有正极性，用"+"表示；从电刷 B 流入，具有负极性，用"－"表示。

当电枢转过 90° 时，线圈有效边 ab 和 cd 转到 N、S 极之间的几何中心线上，此处磁密 B_x 为零，故这一瞬时感应电动势 e 为零。

当电枢转过 180° 时，导体 ab 和 cd 及换向片 1、2 位置互换，如图 1.1（b）所示。导体 ab 位于 S 极下，导体 cd 位于 N 极下，线圈两个有效边产生感应电动势方向分别为 $a \to b$ 及

$c \rightarrow d$。感应电动势方向恰与开始瞬时相反。外电路中流过的电流从换向片 2→A→负载→B→换向片 1。由此可见，电刷 A 始终与转到 N 极下的有效边所连接的换向片接触，故电刷的极性始终不变，A 为"+"，B 为"-"。由以上分析可知，线圈内部为一交变电动势，但电刷引出的电动势方向始终不变，为一单方向的直流电动势。

2）电磁转矩的产生

当直流发电机电刷两端获得直流电动势后，若接上负载，便有一电流流过线圈，电流 i 与电动势 e 的方向相同。同时，载流导体在磁场中必然产生一电磁力 f，形成一电磁转矩 T，T 的方向用左手定则判断可知，T 与电枢旋转的方向相反，起到了阻碍作用，故称为阻转矩。直流电机要维持发电状态，原动机就必须克服电磁转矩 T，正是这种不断的克服，从而实现了将机械能转换成电能。

3. 直流电动机的工作原理

1）电磁转矩的产生

图 1.2 所示为两极直流电动机工作原理图。直流电动机的结构与直流发电机相同，不同的是电刷 A、B 外接一直流电源。图 1.2 所示瞬时电流的流向为+→A→换向片 1→a→b→c→d→换向片 2→B→-。根据电磁力定律，载流导体 ab、cd 都将受到电磁力 f 的作用，导体所受电磁力的方向用左手定则判定。在此瞬时，导体 ab 位于 N 极下，受力方向从右向左；导体 cd 位于 S 极下，受力方向从左向右。电磁力对转轴形成一电磁转矩 T。在 T 的作用下，电枢便逆时针旋转起来。

当电枢转过 90°，电刷不与换向片接触，而与换向片间的绝缘片接触，此时线圈中没有电流流过，$i=0$，故电磁转矩 $T=0$。但由于机械惯性的作用，电枢仍能转过一个角度，电刷 A、B 又将分别与换向片 2、1 接触，线圈中又有电流 i 流过。此时，导体 ab、cd 中电流改变了方向，即为 $b \rightarrow a$ 及 $d \rightarrow c$，且导体 ab 转到 S 极下，ab 所受的电磁 f 方向从左向右，导体 cd 转到 N 极下，cd 所受的电磁力 f 方向从右向左。因此，线圈仍然受到逆时针方向电磁转矩的作用，电枢始终保持同一方向旋转。

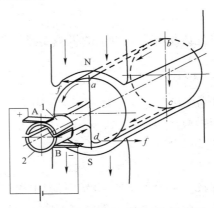

图 1.2 两极直流电动机工作原理图

2）感应电动势的产生

在直流电动机中，电刷两端虽然加的是直流电源，但在电刷和换向器的作用下，线圈内部却变成了交流电，从而产生了单方向的电磁转矩，驱动电机持续旋转。同时，旋转的线圈中也将感应产生电动势 e，其方向与线圈中电流方向相反，故称为反电动势。直流电动机若要维持继续旋转，外加电压就必须高于反电动势，才能不断地克服反电动势而流入电流。正是这种不断的克服，从而实现了将电能转换成机械能。

由此可见，直流电机具有可逆性，即一台直流电机既可作发电机运行，也可作电动机运行。当输入机械转矩将机械能转变为电能时，电机作发电机运行；当输入直流电流产生电磁转矩，将电能转变为机械能时，电机作电动机运行。例如，机车车辆在牵引工况时，牵引电机作电动机运行，产生牵引力；在制动工况时，牵引电机作发电机运行，将机车和列车的动能转变为电能，产生制动力，对机车进行电制动。

1.1.2　直流电机的基本结构

直流电机由静止的定子和旋转的转子两大部分组成，在定子和转子之间有一定大小的间隙（称气隙），如图 1.3 所示。

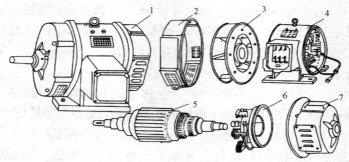

1—直流电机总成；2—后端盖；3—通风器；4—定子总成；5—转子（电枢）总成；6—电刷装置；7—前端盖

图 1.3　直流电机结构图

1. 定子

直流电机定子的作用是产生磁场和作为电机的机械支撑，主要由机座、主磁极、换向极和电刷装置等组成。

1）机座

机座有两个作用：一是作为电机磁路的一部分；二是用来安装主磁极、换向极和端盖等。机座通常为铸钢件，也有采用钢板焊接而成的。对于换向要求较高的电机，还可采用叠片结构的机座。

2）主磁极

主磁极是一个电磁铁，如图 1.4 所示，由主极铁芯和主极线圈两部分组成。主极铁芯一般用 1～1.5 mm 厚的薄钢板冲片叠压后，再用铆钉铆紧成一个整体。小型电机的主极线圈用绝缘铜线（或铝线）绕制而成，大中型电机的主极线圈用扁铜线绕制，并进行绝缘处理，然后套在主极铁芯外面。最后，整个主磁极用螺钉固定在机座内壁。

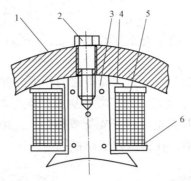

1—机座；2—主极螺钉；3—主极铁芯；4—框架；5—主极绕组；6—绝缘垫衬

图 1.4 主磁极

3）换向极

换向极又称为附加极，装在两个主磁极之间，用来改善直流电机的换向。换向极由换向极铁芯和换向极线圈构成。换向极铁芯大多用整块钢加工而成。但在整流电源供电功率较大的电机中，为了更好地改善电机的换向，换向极铁芯也采用叠片结构。换向极线圈与主极线圈一样，也是用圆铜线或扁铜线绕制而成，经绝缘处理后套在换向极铁芯上，最后用螺钉将换向极固定在机座内壁。

4）电刷装置

电刷装置的作用是通过电刷与换向器表面的滑动接触，将转动的电枢绕组与外电路相连。电刷装置一般由电刷、刷握、刷杆、刷杆座等部分组成，如图 1.5 所示。电刷一般用石墨粉压制而成。电刷放在刷握内，用弹簧压紧在换向器上，刷握固定在刷杆上，刷杆装在刷杆座上，成为一个整体部件。

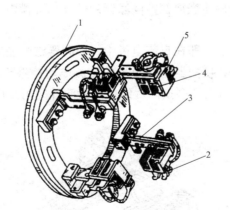

1—刷杆座；2—弹簧；3—刷杆；4—电刷；5—刷握

图 1.5 电刷装置

2. 转子

转子又称电枢，主要由转轴、电枢铁芯、电枢绕组和换向器等组成，用来产生感应电动势和电磁转矩。转子是实现能量转换的主要部件。

1）转轴

转轴的作用是传递转矩，一般用合金钢锻压而成。

2）电枢铁芯

电枢铁芯是电机磁路的一部分，也是承受电磁力作用的部件。当电枢在磁场中旋转时，在电枢铁芯中将产生涡流和磁滞损耗，为了减小这些损耗影响，电枢铁芯通常用 0.5 mm 厚的电工钢片叠压而成，电枢铁芯固定在转子支架或转轴上。电枢铁芯冲片和铁芯如图 1.6 所示，沿铁芯外圈均匀地分布有槽，在槽内嵌放电枢绕组。

1—电枢铁芯；2—换向器；3—绕组元件；4—铁芯冲片

图 1.6 电枢铁芯冲片和铁芯

3）电枢绕组

电枢绕组的作用是产生感应电动势和通过电流产生电磁转矩，实现机电能量转换。电枢绕组是直流电机的主要电路部分。电枢绕组通常都用圆形或矩形截面的导线绕制而成，再按一定规律嵌放在电枢槽内，上下层之间以及电枢绕组与铁芯之间都要妥善绝缘。为了防止离心力将绕组甩出槽外，槽口处需要槽楔将绕组压紧，伸出槽外的绕组端接部分用无纬玻璃丝带绑紧。绕组端头则按一定规律嵌放在换向器铜片的升高片槽内，并用锡焊或氩弧焊焊牢。

4）换向器

换向器的作用是机械整流，即在直流电机中，换向器将外加的直流电流逆变成绕组内的交流电流；在直流发电机中，换向器将绕组内的交流电动势整流成电刷两端的直流电动势。换向器如图 1.7 所示。换向器由许多换向片组成，换向片间用云母片绝缘。换向片凸起的一

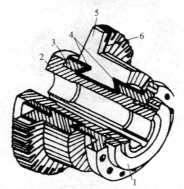

1—螺旋压圈；2—换向器套筒；3—V 形压圈；4—V 形云母环；5—换向片；6—云母片

图 1.7 换向器

端称升高片，用以与电枢绕组端头相连。换向片下部做成燕尾形，利用换向器套筒、V 形压圈及螺旋压圈将换向片、云母片紧固成一个整体。在换向片与换向器套筒、压圈之间用 V 形云母环绝缘，最后将换向器压装在转轴上。

思考题

1. 简述直流电机基本结构组成。
2. 简述定子由哪几部分组成。
3. 简述转子由哪几部分组成。
4. 简述直流电机的可逆性。

任务 1.2 直流电机的电枢绕组

任务描述

通过本任务的学习，熟悉电枢绕组的基本组成，能够分析不同种类的电枢绕组，掌握极距及单叠绕组的特点。

电枢绕组的分类：单叠绕组、单波绕组、复叠绕组、复波绕组。

直流电机的电枢是进行机械能与电能转换的枢纽，是电机的核心部件，电枢绕组用于产生感应电动势与电磁转矩。上面讲述直流电机工作原理所用的电机模型只有一个电枢线圈，因此该电机工作时感应电动势与电磁转矩都很小且脉动，当电枢线圈的有效边转至与磁极分界面的位置，感应电动势与电磁转矩均消失。为了提高电机工作效率，减小脉动，实际的直流电机在电枢的外圆周表面均匀分布着许多电枢线圈，并按一定规律通过换向器连接（如图1.8 所示），构成一个整体，称之为电枢绕组。

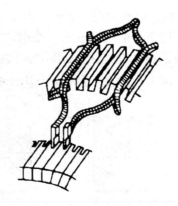

图 1.8 线圈与换向器

1.2.1 电枢绕组的基本概念

1. 元件和线圈

绕组元件是指从一个换向片开始绕到另一个换向片为止的这一部分导体，它是绕组最基本的单元，故称绕组元件，本书中简称元件，元件总数用 S 表示。

元件有单匝和多匝之分，图 1.9 分别表示单匝元件和两匝元件，两匝以上的元件即为多匝元件。元件放在电枢铁芯槽内能切割磁力线的直边，叫作元件的有效边。两有效边之间的连接线或有效边与换向片之间的连接线，叫作元件的端接。在换向器一端的为前端接，另一端的为后端接。后端接拐弯处称为鼻部。由于电流的趋肤特性，为了制造方便，常常把几个相互绝缘的元件包扎在一起而成为一个多元件的线圈。ZQDR-410 型牵引电动机的线圈有 4 个元件，每个元件由两根导体组成，嵌线时，线圈的一个边嵌入一个槽的下层，另一边嵌入另一个槽的上层。这样每个槽内都有一个线圈的上层边和另一个线圈的下层边，这样嵌放的电枢绕组称为双层绕组。

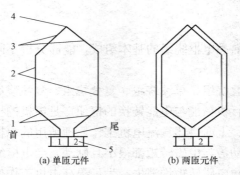

(a) 单匝元件　　　　(b) 两匝元件

1—前端接；2—有效边；3—后端接；4—鼻部；5—换向片

图 1.9　绕组元件

2. 实槽和虚槽

电枢铁芯上嵌线的槽称为实槽，实槽数用 Z 表示。虚槽实际上并不存在，而是人为地把每个实槽内上下相连的两个元件边所占的位置看成一个槽，并把它称为虚槽，虚槽数用 Z_μ 表示。虚槽数 Z_μ 和实槽数 Z 的关系是：$Z_\mu = Z \cdot \mu$。其中 μ 代表每一个实槽所包含的虚槽数，$\mu = 1$ 表示实槽数等于虚槽数，如图 1.10 所示。例如，ZQDR-410 型牵引电动机每一个实槽包

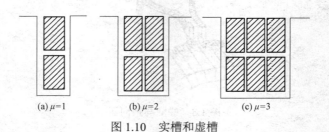

(a) $\mu = 1$　　　　(b) $\mu = 2$　　　　(c) $\mu = 3$

图 1.10　实槽和虚槽

含 4 个虚槽，即 μ =4。有了虚槽的概念，就便于确切地说明每一个元件所处的具体位置了。由于每一个元件的两端接到两个换向片上，同时每个换向片也与两个元件相连，所以当所有元件和换向片都连上，元件总数 S 一定等于换向片总数 K，即 $S=K$。又由于每个虚槽包含两个元件边，所以总虚槽数等于元件总数，即 $Z_\mu=S=K$。

3. 绕组的节距

1）第一节距 y_1

第一节距 y_1 是指一个元件的两个有效边在电枢表面上所跨过的距离，即绕组元件两个有效边之间的宽度，用所跨过的槽数表示，可以用实槽数表示，也可以用虚槽数表示。

2）极距 τ

极距是指相邻两主磁极中心线之间沿电枢表面圆周的距离，用 τ 表示，如图 1.11 所示。

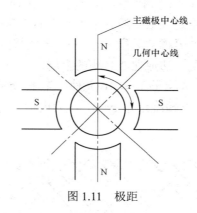

图 1.11　极距

第一节距 y_1 应等于或近似等于一个极距 τ。

$y_1=\tau$ 时称为整距元件，由整距元件构成的绕组称为整距绕组。由于整距绕组线圈两有效边所感生的电势没有抵消的现象，所以在发电机中整距绕组的感应电势最大。同理，两有效边受力是同一旋转方向的，所以在电动机中，整距绕组的电磁转矩也最大。

$y_1<\tau$ 时构成的绕组称为短距绕组，$y_1>\tau$ 时构成的绕组称为长距绕组。由于短距绕组的端接部分较短，有节省材料等优点，所以在牵引电机中一般都采用短距绕组。显然不论长距或短距绕组，其平均电势都比整距绕组小。

3）换向器节距 y_k

一个元件首尾两端所接的换向片在换向器表面的跨距称为绕组的换向器节距，用所跨的换向片数来表示。

1.2.2　单叠绕组

每个元件的两个边分别接在相邻的两个换向片上，而且是位置相邻的两个元件直接串联起来，这种形式的绕组称为单叠绕组，如图 1.12 所示。

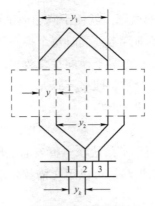

图 1.12　单叠绕组

以 $Z=S=K=16$，$y_1=\tau=4$，$y_k=1$ 绘制单叠绕组，如图 1.13 所示为单叠右行绕组展开图，图中元件上层边画成实线，下层边画成虚线。第 1 元件的首端接到换向片 1 上，它的一边放在 1 号槽的上层，另一边放在 5 号槽的下层（$y_1=4$），末端接到换向片 2 上（$y_k=1$）；第 2 元件的首端接到换向片 2 上，它的一边放在 2 号槽的上层，另一边放在 6 号槽的下层，末端接到换向片 3 上；依次连接第 3、第 4 直到第 16 元件，第 16 元件的末端又接到换向片 1 上，组成一个闭合回路。由此得出单叠绕组中 $a=p$，a 为电枢支路对数，p 为直流电机主磁极对数。

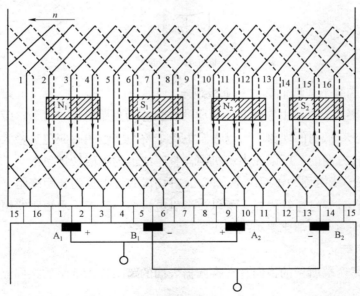

图 1.13　单叠右行绕组展开图

 思考题

1. 什么是绕组元件？

2. 什么是极距？

3. 直流电机电枢绕组如何绕制？

4. 单叠绕组的特点是什么？

任务 1.3 直流电机的电枢反应与换向

任务描述

通过本任务的学习，熟悉直流电机磁场的基本组成，能够分析不同种类的直流电机磁场分类，掌握电枢反应的特点。

从直流电机基本工作原理的分析可知，发电机将机械能转换为电能，电动机将电能转换为机械能，其必要条件之一是必须具有气隙磁通。因此，必须在直流电机主磁极的励磁绕组中通以励磁电流来产生磁势，以产生气隙磁通，使电枢绕组切割气隙磁通而产生感应电势；或者由电枢电流与气隙磁通相互作用而产生电磁转矩，从而实现机电能量的转换。

1.3.1 直流电机的磁场

1. 主磁场

直流电机空载时，电枢电流为零，只有励磁绕组中存在电流，气隙磁场是完全由励磁绕组的电流所产生的，称为主磁极磁场或主磁场。其分布情况如图 1.14 所示。从图中可见，主磁极磁通密度的分布为平顶波，主磁极对称于主磁极 Y'—Y 轴线，相邻两主磁极之间的中心线称为几何中心线，中心线上的主磁极磁通密度为零。

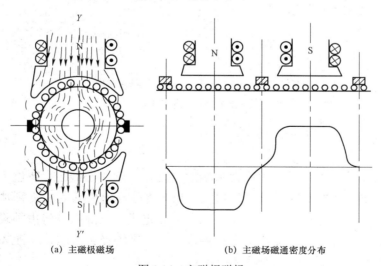

(a) 主磁极磁场　　　　　　　　　　(b) 主磁场磁通密度分布

图 1.14 主磁极磁场

2. 电枢磁场

当直流电动机带上负载后，电枢绕组中有一定的电流流过，在电机的磁路中，又产生一个磁动势，称为电枢磁动势，由电枢磁动势建立的磁场称为电枢磁场。电枢本身就构成了一个带铁芯的电磁铁，电枢磁动势轴线即电磁铁的轴线位置总是与电刷轴重合，并与主磁场轴线互相垂直相交，所以又称电枢磁场为交轴磁场。

电枢磁场沿电枢表面的分布情况与电枢电流的分布情况有关。在直流电机中，电枢电流方向的分界线是电刷，在电刷轴线两侧对称分布，所以电枢磁场的分布情况与电刷的位置有关。如图 1.15（a）所示是去掉换向器后的直流电机模型，电刷在几何中心线上，电枢导体中的电流方向是以电刷相连的轴线为界，电枢上半部分和下半部分导体中的电流方向相反。由全电流定律可知，几何中心线上的电枢磁动势最大，主磁极轴线上的电枢磁动势为零，电枢磁动势沿空间呈三角波分布，如图 1.15（b）中曲线 1 所示。从电枢磁动势在气隙中的分布可得电枢磁通密度沿气隙中的分布曲线，如图 1.15（b）中曲线 2 所示。由于几何中心线的气隙很大，磁阻也很大，虽然此时几何中心线上磁动势最大，但磁通密度迅速减小，所以电枢磁通密度沿气隙中的分布曲线为马鞍形。综上所述，电枢磁动势及其磁场的分布情况是不因电枢旋转而改变的，电枢磁动势及其磁场的轴线就在电刷相连的轴线位置上。

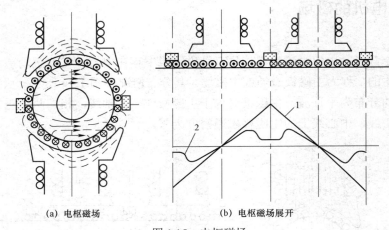

(a) 电枢磁场　　　　　　　　(b) 电枢磁场展开

图 1.15　电枢磁场

1.3.2　电枢反应

电刷位于几何中心线上，电枢磁动势轴线也就在几何中心线上，即位于交轴（直轴为主磁极轴线）位置，若把电枢磁场叠加到主磁场，便可得到直流电机负载时交轴电枢反应的磁场分布情况，如图 1.16 所示。可见，负载时，电机中气隙磁场将由励磁磁动势和电枢磁动势共同建立。由电枢电流建立的电枢磁场，使主磁场受到影响，故将这种影响称为电枢反应。

该图还表示了发电机和电动机两种运行方式的电枢反应。由于已确定了主磁场方向电枢电流方向，所以两种运行方式的电枢旋转方向应相反。从图中可见，一半被削弱，另一半被加强（图中面积 S_1 和 S_2）。作发电机运行时，主磁极前极尖（迎着电枢进入）的气隙磁场被削弱，后极尖（电枢退出）被加强，物理中心线（负载时沿电枢表面的磁场等于零处所连接的直线）顺向移过 α 角；而作电动机运行时情况正好相反，即主磁极前极尖的气隙磁场被加强，后极尖被削弱，物理中心线则逆向移过 α 角。当电机磁路未饱和时，每个磁极的前后极尖的磁通增加和减少相等，每极的磁通量保持不变。但是电机正常运行时磁路常接近饱和，主磁极的极尖更趋饱和，于是半个磁极内磁通的增加不足以补偿另半个磁极磁通的减少，因此交轴电枢磁动势不仅使气隙磁场发生畸变，而且对主磁极起一定的去磁作用。

因此，电枢反应引起的结果是：

（1）电机气隙中的合成磁场发生畸变。

（2）电机气隙中的合成磁场有所削弱。

电枢反应的去磁作用影响电机的转速和转矩，但是在一般情况下，这种影响并不很大。严重的问题是：由于磁场的畸变使电机换向条件恶化，电刷与换向器之间容易产生火花，甚至引起"环火"，造成电机严重损坏。

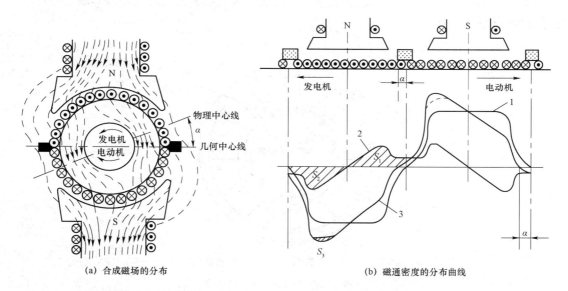

（a）合成磁场的分布   （b）磁通密度的分布曲线

1—主磁场磁通密度分布曲线；2—电枢反应磁场磁通密度分布曲线；3—合成磁场磁通密度分布曲线

图 1.16 交轴电枢反应

1.3.3 直流电机的换向

1. 直流电机换向的概念

在分析电枢绕组时可知，电枢绕组连接构成一个闭合绕组。当电枢旋转时，组成电枢绕组每条支路的绕组元件，在依次循环地轮换，即绕组元件从一条支路经过电刷时被短路，随后将转入另一条支路。由于被电刷分割的相邻支路中绕组元件的电流方向是相反的，因此在绕组元件由一条支路经电刷短路后转入另一条支路的短暂过程中，绕组元件里的电流就要改变一次方向，被电刷短路的绕组元件内电流改变方向的过程称之为换向。

换向是直流电机运行的关键问题，换向不良，将在换向器与电刷之间产生有害火花，甚至使电机不能正常运行。

2. 改善换向的措施

装设换向极、加装补偿绕组，以及采用分裂式电刷是改善电机换向最有效的措施。

1）换向极

如图 1.17 所示，换向极应该在换向区域内建一个适当的磁场，该磁场用来抵消交轴电枢反应磁场。

（1）换向极必须装在电机的几何中心线上。

（2）换向极必须有正确的极性，换向极与邻近主磁极极性关系应符合"发电机随前、电动机随后"的原则。

（3）换向极励磁线圈必须与电枢绕组串联，以保证在整个负载范围内，换向电势随电枢电流成正比的变化，都能抵消电枢反应电势。

（4）换向极的磁路应处于低饱和状态，即在换向极铁芯和机座之间加入非磁性垫片形成所谓的第二气隙。

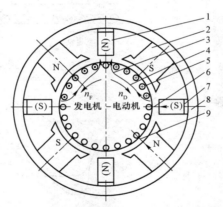

1—换向极；2—主磁极；3—电枢反应磁通；4—电枢；5—电枢电流方向；6—第一气隙；

7—第二气隙；8—机座；9—主极气隙

图 1.17　换向极

2）补偿绕组

如图 1.18 所示，在主极铁芯靠近电枢的边沿（称为极靴）加装补偿绕组，使补偿绕组中流过的电流与电枢电流大小相等、方向相反，形成与电枢磁场强弱相等、分布相同，但方向相反的磁场去抵消电枢磁场。该方法抵消电枢反应效果理想，但电机结构复杂、成本高、增加维修工作量，只在电机负荷经常性剧烈变化、冲击负荷与脉流电机上采用。

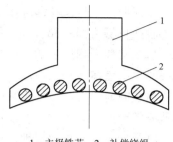

1—主极铁芯；2—补偿绕组

图 1.18　补偿绕组

3）分裂式电刷

为尽可能减小短路电流，在换向较困难的电机上还采用分裂式电刷以增大换向回路电阻，如图 1.19 所示。短路电流流通路径标于图中，将电刷分成两片使该回路增加了两片电刷之间的横向接触电阻。此外，电刷一分为二后，每一片电刷质量较小，运动惯性小，同时电刷上方橡胶压块可以吸收一部分振动，使电刷与换向器表面接触良好，对减小换向火花效果显著。

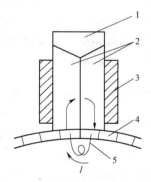

1—橡胶压块；2—电刷；3—刷盒；4—换向器；5—换向元件

图 1.19　分裂式电刷

3. 直流电机环火

电机因某些换向片电压过高而产生的火花称为电位火花。在最不利的情况下，例如电机负荷剧烈变化、负载短路时，换向火花和电位火花连成一片，使换向器表面正、负电刷间产生电弧而短路，这种现象称为环火。环火瞬间，电机发出巨大响声，所以环火又被形象地称为电机"放炮"。

产生环火的原因是由于电刷磨下来的炭粉或电刷碎片，以及换向器磨下来的铜粉聚积在换向片的云母槽内，加之油泥从电机外部飞溅到换向器上，这些脏物在两换向片间形成"导电桥"。当换向片转至磁通密度大、片间电压高的空间位置时，若该片间电压足以使导电桥燃烧，则形成电位火花。电位火花产生的电弧使周围的空气游离，并使铜粉气化。随着换向器的转动，此电弧逐渐拉长。如果沿换向器圆周单位长度的电位差足够大，则电弧将维持不灭，继续扩展下去即形成环火。实践证明，电位火花即导电桥燃烧是引起环火的主要原因。

产生环火的另一原因是由于电磁或机械方面引起较强烈的换向火花扩展开来造成环火。当换向器转动时，换向火花使电刷与换向片之间产生的小电弧（称为原始火枢）的转动电弧被拉长，电弧长度增加，电弧两端的电位差增大且该电压足以维持电弧燃烧时，由于高温和被游离的导电气体扩散，将使电弧迅速向前发展产生环火。

环火具有很大的破坏力：轻则烧伤换向器和电刷，或使换向器升高片线槽中焊锡熔化造成"甩锡"和电枢绕组匝间短路，以至于击穿绝缘而接地；严重时会把电枢绕组导线烧毁，电刷装置烧熔。环火时外加电压直接通过电刷给励磁绕组提供励磁（以串励牵引电动机为例）使牵引电机转换为发电工况，此时牵引电动机励磁电流与电枢电流（电枢经电弧短路）均相当大，对列车产生强大电磁制动转矩，造成列车动轮踏面与钢轨擦伤。

防止环火是设计、使用部门都应重视的问题。在电机运用中，应经常吹扫电刷装置及换向器表面，清除换向片两边的毛刺，保持电机气密性，以防导电桥燃烧形成环火。合理操纵列车，避免电机过载，防止过大的电磁火花。经常检修电刷、换向器，使之状态良好，以减小机械火花。此外，能对电机环火执行快速切断电源的保护也是一种补救措施。

4. 火花等级

直流电机运行时，其电刷与换向器之间常常伴有火花。火花通常出现在电刷的后刷边（换向器离开电刷的一侧）。当火花在电刷上的范围很小时，对电机运行不会有什么影响。但当火花在电刷上的范围较大时，则将对电机的运行带来危害，尤其是放电性的红色电弧火花，会加速电刷与换向器的磨损，甚至使励磁机损坏，这时就必须及时检查并加以纠正。

直流电机换向器上的火花等级分为 5 级，分别是 1 级、$1\frac{1}{4}$ 级、$1\frac{1}{2}$ 级、2 级和 3 级。1 级、$1\frac{1}{4}$ 级和 $1\frac{1}{2}$ 级均为无害火花，允许电机在这些火花等级下长期运行，即在额定磁场和各削弱磁场级位上正常运行时，火花不应超过 $1\frac{1}{2}$ 级。在 2 级火花作用下，换向器上会出现灰渣和黑色的痕迹，随着运行时间的延长，黑色痕迹将逐渐扩展，电刷和换向器磨损也显著增加，因此，2 级火花只允许短时出现。电机运行时绝不允许出现 3 级火花。直流电机在运行过程中的火花情况，除使用专门仪器测量外，很难直接观察。因此，通常以换向器及电刷表面状态作为确定火花等级的主要依据。特别要注意的是，由于电力机车换向相对比较困难，所以通常电力机车牵引电动机中允许 2 级火花长时出现。

 思考题

1. 什么是电枢反应？
2. 什么是换向？
3. 火花等级有哪几级？

4. 产生火花的主要因素有哪些？

5. 电磁火花和机械火花的区别是什么？

6. 正常换向器表面状态是什么？

7. 不正常换向器表面状态是什么？

8. 改善换向的措施有哪些？

9. 更换牵引电动机电刷的要求是什么？

任务 1.4 直流电机在机车上的应用

任务描述

通过本任务的学习，掌握直流电机在机车上的应用，熟悉各型号电机的相关结构及作用，明确各型号直流电机在不同机车上的应用。

1.4.1 ZQDR-410 型牵引电动机

DF$_{4B}$ 型内燃机车装有 6 台 ZQDR-410 型直流串励牵引电动机（简称 410 电机）。其型号的意义是：Z 代表直流制；Q 代表牵引用；D 代表电动机；R 代表热力机车用；410 代表该电动机额定功率为 410 kW。图 1.20 为该牵引电动机的结构。410 电机属于专用电机，其结构参数均考虑到牵引电动机的工作特点专门设计。

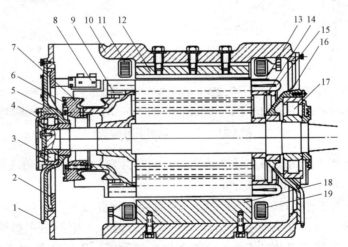

1—油杯；2—刷架圈；3—8G92417T 轴承；4—挡油板；5—前端盖；6—平衡块；7—换向器；8—电刷装置；9—均压绕组；

10—机座；11—主极线圈；12—主极铁芯；13—无纬带；14—平衡块；15—电枢绕组；16—后端盖；

17—8G32426T 轴承；18—换向极铁芯；19—换向极线圈

图 1.20 ZQDR-410 型牵引电动机的结构

1. 定子

410 电机定子（运转时固定不动的部分）的作用是：产生主磁场、换向极磁场，提供磁路并作为电机的机械支撑。它由机座、主磁极、换向极、端盖及电刷装置组成。

机座用钢铸成近似八棱柱形，其换向器端有三个观察孔，以便检查电机内部、更换电刷、维护保养换向器和刷架系统，平时用观察孔盖密闭，以防风沙雨雪的侵袭。顶部另开有方形的通风孔（进风）。410 电机的安装可参考图 1.21，为电车式悬挂（又称抱轴式悬挂），电机侧通过抱轴轴承支承在车轴上，轴承盖与牵引电动机机座用螺栓紧固构成一个完整的滑动轴承体，体内安装抱轴瓦，车轴被抱在轴瓦之中。抱轴瓦通过毛线垫吸油润滑，轴承盖的油箱上设有卡口式油尺，用于检查润滑油液面高度，运用机车要求液面在油尺的两刻线之间。电机另一侧通过悬挂装置吊在转向架的横梁或端梁上。410 电机悬挂装置由吊杆座、橡胶垫、吊杆、销、球面关节轴承等组成。球面关节轴承的内环与销滑动配合，但装配后通过压盖等零件将内环紧固在销子上，并且与电机吊座定位，不能相对转动（仅靠轴承球面工作）。

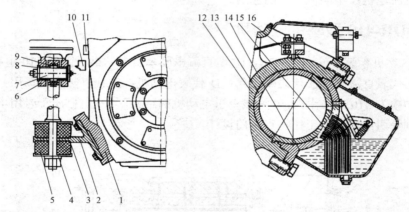

1、12—机座；2—吊杆座；3—橡胶垫；4—吊杆；5—垫板；6—电机吊座（转向架构架上）；7—销；8—压盖；9—球面关节轴承；

10—安全挡板；11—机座凸台；13—抱轴承；14—轴承盖；15—毛线垫；16—电机出线端子

图 1.21　牵引电动机悬挂装置

机座内腔安装有 4 个主磁极与 4 个换向极，两端分别与前、后端盖连接，除作为电机机械支撑外，同时还构成磁路的一部分。

4 个主磁极各用 3 个 M30 螺栓固定在机座内腔的垂直与水平方向上。为避免油水进入电机内部，主磁极螺栓沉头孔（机座外侧）用沥青密封。主磁极由主极铁芯和主极线圈组成，参见图 1.22。主极铁芯用 1.5 mm 厚的钢板叠制而成。主极线圈用 4 mm×50 mm 软扁铜线扁绕 15 匝制成。410 电机的主磁极采用一体化工艺，其励磁线圈热套在铁芯上。线圈与铁芯之间用无纬带塞满，并浸漆使之成为一个整体。该结构对于改善线圈散热条件，降低主磁极温升，尤其对减少线圈与铁芯相互摩擦造成接地故障有显著改善效果。主磁极用于产生主磁通。

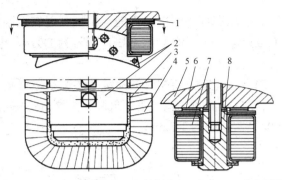

1、6—弹簧托板；2—主极铁芯；3—填充料；4—主极线圈；5—机座；7—换向极线圈；8—换向极铁芯

图 1.22 主磁极与换向极结构

4 个换向极各用 2 个 M24 螺栓固定于座内腔主磁极的几何中性面上。其结构也是由铁芯与线圈组成。换向极铁芯用钢整体锻制，换向极线圈用 5 mm×40 mm 扁铜线扁绕 14 匝制成，同样采用一体化工艺制作而成。换向极用于产生换向极磁场，以便抵消电枢反应与电抗电势，改善换向。

机座两端装有端盖，一起形成电机的外壳，两端盖中心孔装的轴承型号分别为 8G92417T 和 8G32426T，用于支撑转子并通过端盖把重量传递给机座。此外，前端（换向器端）端盖上还安装有电刷装置。

电刷装置结构如图 1.23 所示。前端盖上装有调整时可转动的刷架圈，调好位置后涨开刷架圈使之紧固于端盖的环槽内并定位（运行中不许转动）。4 个刷握借助 L 形刷座和塑料压制

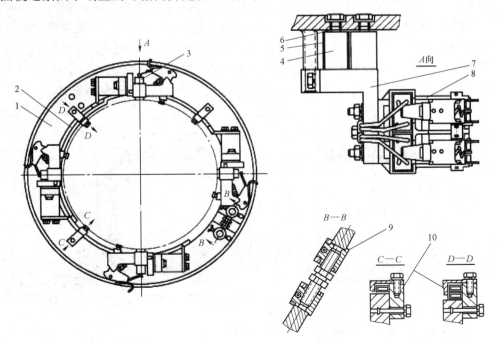

1—刷架圈；2—刷架连线（汇流环）；3—电刷；4—刷杆；5—聚四氟乙烯套管；6—调整垫片；7—刷座；8—刷握；
9—刷架圈涨紧装置；10—汇流环固定装置

图 1.23 电刷装置结构

的刷杆固定在刷架圈上。为提高刷杆的耐电弧性能，刷杆外面有聚四氟乙烯套管。每个刷握装有 2 块（12.5 mm×50 mm×60 mm）分裂式电刷，牌号为 D374，电刷装置是连接电机内、外电路的桥梁。

　　压簧结构刷握如图 1.24 所示。定子装配时最关键的参数是主极靴中心处距电枢表面的气隙，应为 5 mm，换向极铁芯与电枢间气隙（第一气隙）为 7 mm；换向极铁芯与机座间有三片 0.6 mm 厚的黄铜片，即第二气隙为 1.8 mm。

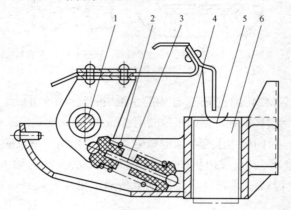

1—转轴；2—压簧；3—导向圆钢；4—刷盒；5—压指；6—电刷

图 1.24　压簧结构刷握

　　定子组装时电机内部接线如图 1.25 所示。由图可知，两正刷架用汇流环连通作为电枢绕组首端，并引出机外，代号为 S_1。两负刷架用汇流环连通作为电枢绕组末端，并通往换向极线圈。四个换向极线圈对角串联成两支路后并联，成为换向极绕组末端，引到机外，代号为 H_2。主极绕组两端代号为 C_1、C_2，内部四个主极线圈依次串联，当电机电流经 $S_1 \rightarrow H_2 \rightarrow C_1 \rightarrow C_2$ 时，从传动端看为顺时针转；若电机电流改为经 $S_1 \rightarrow H_2 \rightarrow C_2 \rightarrow C_1$ 时，从传动端看为逆时针转。

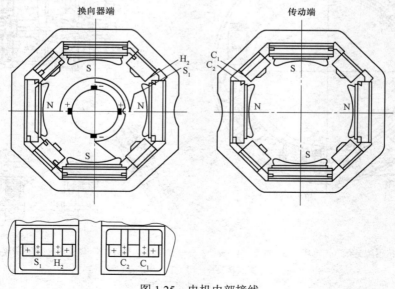

图 1.25　电机内部接线

2. 转子

直流电机转子（又称电枢）的作用是产生感应电动势与电磁转矩，进行电能与机械能的转换。410 电机电枢由电枢轴、电枢铁芯、电枢绕组、换向器组成。

电枢铁芯由 0.5 mm 厚的硅钢片冲片叠压而成，冲片形状见图 1.26。成型后电枢铁芯外径 39 mm，轴向长度 460 mm，直接装于电枢轴中部，靠键定位。电枢铁芯外圆周均布 50 个电枢槽，铁芯内有 $\phi27$ mm 孔 12 个、$\phi20$ mm 孔 24 个，分两圈均布，该孔用于轴向通风。电枢铁芯用于安装电枢绕组并构成磁路的一部分。

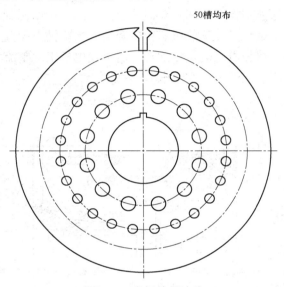

图 1.26　电枢铁芯冲片

电枢绕组由 200 个元件组成双层短距单叠绕组。其绕制规律与 4 极、200 个电枢槽、200 个元件（极距 $\tau=200/4=50$ 个槽）相同。为了加强电枢铁芯齿的强度，简化生产工艺，实际电机只开 50 个槽，1 个槽（称为实槽）作 4 个槽（称为虚槽）使用。每 4 个元件绑扎成一个独立的机械单元一起往槽内安装，每一个元件边由两根聚酯漆包扁铜线在高度方向上并列绕制而成，以扩大导线横截面积。电枢槽断面见图 1.27。同一元件上、下层有效边距离（y_1）

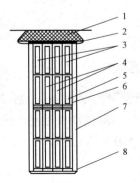

1—槽楔；2—衬垫；3、4—扁铜线；5、6、7—绝缘；8—槽底衬垫

图 1.27　电枢槽断面

为 12 个实槽，即 48 个虚槽，略小于 τ=50 个虚槽，称为短距。每个电枢槽装有不同元件的上层边与下层边两层，同一个元件首末两端跨接于相邻换向片上（单叠），故电枢绕组全称为双层短距单叠绕组。根据单叠绕组 50 槽均布特点，4 个主磁极对应有 4 条并联支路、4 组电刷，为改善换向，另接有 50 根均压线，电枢绕组端接部分用无纬带及钢丝绑扎。电枢绕组用于产生感应电动势、电磁转矩，是电能与机械能转换的核心部件。

换向器装在电枢轴的非传动端，结构见图 1.28。它是由 200 片梯形换向片和 200 片云母片相间叠压而成的圆柱体，换向器内腔两端面车有燕尾槽，前压圈、后套筒分别卡装于燕尾槽中，并用螺栓紧固，压圈与换向片间及套筒与换向片间，均用压制成 V 形的云母环绝缘。换向器组装后，经动平衡试验，并于前压圈和后套筒的平衡槽内配置平衡块，使换向器转至任何位置都能停稳，换向器与电刷装置相配合，用于发电机工况整流、电动机工况逆变（因外电路是直流电而电枢绕组元件内是交流电）。

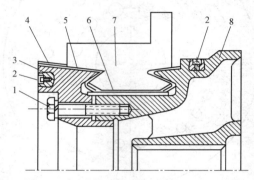

1—螺栓；2、8—平衡块；3—压圈；4—玻璃丝带；5—V 形云母环；6—云母套筒；7—换向片；9—换向器套筒

图 1.28　410 电机换向器结构

电枢轴的传动端有 1:10 锥度的轴伸，用于安装小传动齿轮（热装）。该电机采用外强迫通风方式冷却。冷却空气由车体内通风机→车体通风道→帆布筒→机座上方孔，进入电机换向器端后分两路：其一经换向器表面→主磁极、电枢表面→传动端盖网罩；其二经换向器内腔→电枢铁芯通风孔→传动端网罩。前者冷却主磁极、换向极、电枢绕组等，后者冷却电枢铁芯，限制电机各部温升，确保电机使用寿命。410 电机采用外强迫通风可减小电机轴向长度，并可解决机车起动阶段电机转速低而电机电流大（发热量大）的矛盾。此外，由车体内提供冷却空气较为清洁。

1.4.2　ZQF-80 型起动发电机

DF$_{4B}$ 型内燃机车的起动发电机型号为 ZQF-80，通过起动变速箱与柴油机相连。在机车上有两个用途：在起动柴油机时作为串励电动机使用，由蓄电池供电以起动柴油机；柴油机运转后，转换成他励发电机，发出 110 V 直流电以取代蓄电池作为机车低压电源并向蓄电池补充电。

1. 定子

起动发电机的定子由机座、主磁极、附加极、电刷装置、端盖 5 部分组成，结构参见

图 1.29。机座用铸钢制成，4 个主磁极和 4 个附加极分别用 2 个 M20 和 2 个 M16 螺栓固定于机座上。

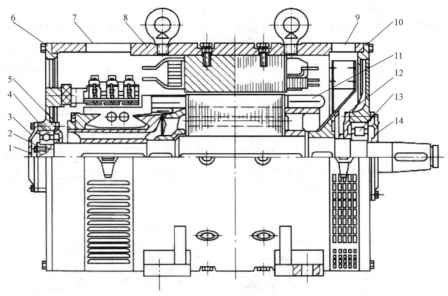

1、14—轴承盖；2—压板；3—油杯；4、13—轴承；5、12—轴承盖；6—前端盖；7—进风口护罩；

8—定子；9—出风口护罩；10—后端盖；11—电枢

图 1.29　ZQF-80 型起动发电机结构

主极铁芯用 1 mm 厚的钢板冲片叠压制成，每个主极铁芯上同时装有启动线圈和他励线圈。启动线圈分开口式和交叉式两种，均以 4.7 mm×28 mm 软扁铜线绕 8 匝制成。他励线圈是用 $\phi1.88$ mm 圆漆包线绕 415 匝制成。附加极铁芯为整体锻钢制成。附加极线圈用 4.1 mm×25 mm 软扁铜线两根并绕 9 匝制成。

换向器端端盖上装有 3G313 单列向心球轴承，传动端端盖装有 8G32317T 单列向心滚子轴承，轴承内腔填充三号锂基润滑脂。换向器端端盖上还装有刷架圈。刷架圈用 8240 环氧玻璃布板制成，4 组刷握固定在刷架圈上，每一刷握上装有 3 块尺寸为 25 mm×40 mm× 50 mm，牌号为 D374 的分裂式电化石墨电刷。

2. 转子

起动发电机的转子由电枢铁芯、电枢绕组、换向器、风扇、电枢轴 5 部分组成。

电枢铁芯由 0.5 mm 厚硅钢片冲片叠压于电枢轴中部，铁芯直径为 327 mm，铁芯长度为 250 mm，铁芯外圆周上均布 42 个电枢槽，铁芯截面上均布 12 个 $\phi25$ mm 的通风孔。

电枢绕组采用双层、短距、单叠绕组。电枢绕组一共由 126 个元件组成，每 3 个元件构成一个线圈，计 42 个线圈对应 42 个电枢槽（1 个实槽作 3 个虚槽用）。同一绕组元件两有效边距离为 10 个实槽，其极距 $\tau=42/4=10.5$ 实槽，故为短距。

换向器用 126 片换向片与 126 个云母片相间叠压制成，其组装工艺、结构与 410 电机相似。

电枢轴的传动端安装有冷却风扇，电机冷却方式为自通风，风路有两路：一路经换向器表面、磁极与电枢表面；另一路经换向器内腔、电枢铁芯通风孔。两路汇合经冷却风扇、传动端的出风口排出电机。

ZQF-80 型电机总体组装最重要的参数是：主极气隙 3 mm，换向极第一气隙及第二气隙 0.5 mm。其内部接线如图 1.30 所示。该电机他励绕组 T_1T_2 由 4 个主极上的他励线圈依次串联而成，启动绕组 Q_1Q_2 连接规律同他励绕组，换向极绕组也是 4 个换向极线圈依次串联，其首端 H_1 引至接线盒，而末端 H_2 在电机内直接接正刷架，即电枢绕组首端 S_1，电枢绕组末端即负刷架 S_2，也引至接线盒中。当电机工作于起动工况时，外直流电源正负端分别接 Q_1、S_2，此时电流由 Q_1 进入电机，经 Q_1Q_2 后至接线盒 Q_2H_1（短接），再次进入电机，流经 H_1H_2 与 S_1S_2（H_2 与 S_1 在机内直接连通），最终到达 S_2 回直流电源负端，他励绕组 T_1T_2 不工作。当电机工作于发电工况时，T_1T_2 由外电源提供励磁，其电源正端由正刷架 S_1 经 H_2H_1 输出，经外电路负载之后由 S_2 流入电机。

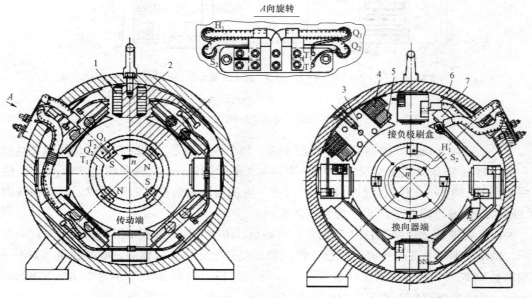

1—换向极线圈；2—换向极铁芯；3—主极铁芯；4—他励线圈；5—启动线圈（交叉）；

6—机座；7—启动线圈（开口）；8—接线盒

图 1.30　ZQF-80 型电机内部接线图

1.4.3　ZD105 型脉流牵引电动机

ZD105 型脉流牵引电动机是 SS_4 型电力机车和 SS_4 改型大功率干线电力机车的主电动机，是带有补偿绕组的 6 极、串励、脉流电动机。图 1.31 所示为 SS_4 改型电力机车采用的 ZD105 型脉流牵引电动机的纵、横剖面图。

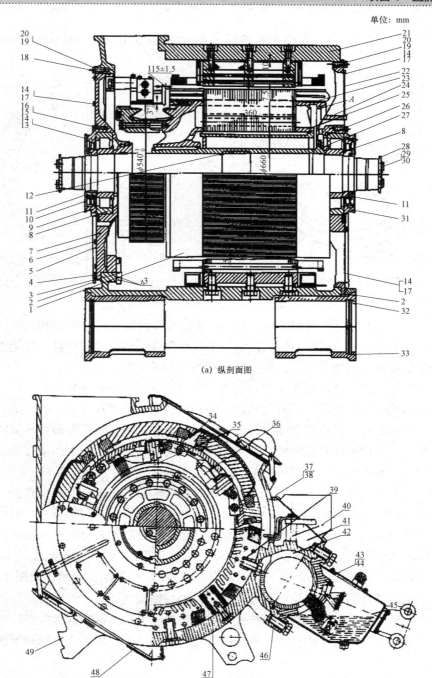

(a) 纵剖面图

(b) 横剖面图

1—电枢；2—油杯；3—刷架圈定位件；4—油管夹；5—前端盖盖板；6—排油管；7—前端盖；8—轴承；9—前端盖轴承；
10—前端外盖；11、27—封环；12、25—电枢支架；13、15、17、19、29、43—螺栓；14—弹簧垫圈；16、20、44—弹性垫圈；
18—刷架装配门；21—定子装配；22—后端盖网孔盖板；23—预成型后支架绝缘；24—后端盖；26—后端内轴承盖；28—挡板；
30—止动垫圈；31—后轴承端盖；32—上抱轴瓦；33—下抱轴瓦；34—上观察孔盖；35—刷握装配；36—补偿绕组；37—轴；
38—开口销；39—主极一体化装配；40—出线盒；41—接线板；42—绝缘板；45—油箱；46—键；47—换向极一体化装配；
48—下观察孔盖；49—吊杆座 A-F 级填充泥或硅橡胶密封胶

图 1.31　SS₄ 改型电力机车采用的 ZD105 型脉流牵引电动机的纵、横剖面图

ZD105 型脉流牵引电动机主要由定子、转子和电刷装置等部分组成,绕组接线如图 1.32 所示。

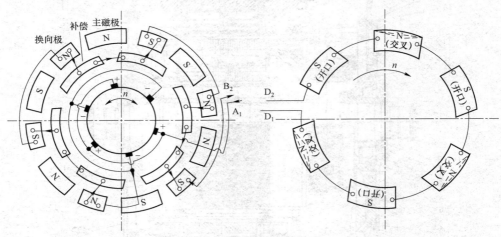

图 1.32 ZD105 型脉流牵引电动机绕组接线图

（1）机座采用 ZG25Ⅱ型铸钢铸成圆筒形。主磁极和换向极以 30°角相互间隔布置于机座内侧,主磁极和换向极的线圈与铁芯间隙用 F 级环氧浇注胶浇注成一体,杜绝由于线圈松动而引起的引线断裂、接地等故障,以提高电机运行的可靠性。

（2）主极线圈、换向极线圈都采用扁绕式,以改善线圈的散热条件。

（3）换向极铁芯采用无芯柱叠片结构,借助芯块和端板用螺栓固定在机座上。换向极铁芯在轴向还有两根铆钉,用以铆接换向极铁芯。这样一来,增大了换向极铁芯磁路的有效横截面面积,防止了换向极铁芯磁路的局部过饱和。换向极线圈采用扁铜线扁绕制成,换向极线圈的匝间对地和外包绝缘与主极线圈的绝缘结构相同。

（4）采用国际通用的电机引出线符号。4 个引出线端符号：A_1——电枢首端,B_2——换向极绕组末端,D_1——主极绕组首端,D_2——主极绕组末端。从换向器端看,电流由引出线 A_1 经过 3 个并联的正电刷,流入电枢绕组,然后经过 3 个并联的负电刷流入换向极线圈和补偿绕组,最后由引出线 B_2 流出,如图 1.32 所示。在非换向器端,6 个主极线圈按 N-S-N-S-N-S 极性串联,电流由引出线 D_1（或 D_2）流入,由引出线 D_2（或 D_1）流出,如图 1.32 所示。定子绕组间的连接线均用线卡固定在机座内壁,以提高耐振性。

（5）抱轴轴承为滑动式,油箱为整体式,采用恒油位结构以改善润滑条件。不仅在轴瓦方孔上开有 4 条回油沟,还在抱轴瓦的领圈上开有 2 条回油沟,以防止抱轴轴承润滑油与齿轮箱润滑油互相窜通。

（6）采用双边斜齿轮传动,传动比 $\mu=4.19$,大齿轮齿数 $Z=88$,小齿轮齿数 $z=21$,齿轮模数 $m=11$。

（7）电枢铁芯不直接压装在转轴上,而是先压装在电枢套筒上,然后电枢套筒压装在电机转轴上,这样的结构有利于电枢的检修。

（8）换向器采用拱式换向器。由 372 片银铜换向片和 372 片双层云母片相互间隔叠压,经 3 次冷压、3 次热烘、3 次热压而成,绝缘等级为 F 级。

（9）该电机有 6 个刷握，每个刷握的刷盒中装有 3 副双分列式电刷，电刷的牌号为 D374B。一个刷盒中装有 3 组电刷，电刷接头采用单靴式接头，刷握弹簧采用圆形弹簧，电刷采用单压指结构。

思考题

1. 410 电机的作用是什么？
2. 410 电机的悬挂方式和通风方式是什么？
3. ZQF–80 型起动发电机的作用有哪些？
4. 说明 ZQF–80 型起动发电机主极绕组的特点。
5. ZD105 型牵引电动机电刷型号是什么？组成有哪些？作用是什么？

任务 1.5 直流电动机的工作特性及直流串励电动机的调速与反转

任务描述

通过本任务的学习，掌握直流电动机的工作特性，熟悉直流串励电动机调速与反转的方法。

1.5.1 直流电动机的工作特性

直流电动机的工作特性，包括机械特性、速率特性、转矩特性、效率特性等。因为电动机的转速和转矩分别决定了机车的运行速度和牵引力，故本小节仅讨论直流电动机速率、转矩随负载电流变化而变化的关系，即速率特性与转矩特性。

直流电动机的速率特性与转矩特性与其励磁方式有关。直流电动机按励磁绕组与电枢绕组之间的连接关系（称之为励磁方式）不同分为并励、串励、复励三种。如图 1.33 所示，其中具有代表性的是并励与串励，复励电动机不过是并励与串励的组合而已。

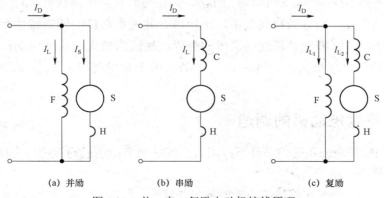

(a) 并励 (b) 串励 (c) 复励

图 1.33 并、串、复励电动机接线原理

1. 速率特性

所谓速率特性，是指在端电压不变的情况下，电动机的转速与电枢电流之间的变化关系。由此可知，直流电动机在定电压下，串励电动机转速与电枢电流成等边双曲线反比关系；并励电动机转速几乎恒定不变。

比较串、并励电动机的速率特性，如图 1.34（a）可得：恒定电压下并励电动机转速几乎不随负载电流（即电枢电流）变化而变化，称之为硬特性或者称自调速性能差；而串励电动机转速能自动随负载电流变化而变化，负载电流增大（相当于外机械阻力加大）时，转速自动下降，反之负载电流减小时，转速自动回升，称之为软特性或者称自调速性能好。串励电动机的速率特性很适合机车牵引要求，现今世界上绝大多数电传动机车牵引电动机仍选用直流串励电动机。但这种软特性也存在一定弊端，在负载电流很小（空载）时，其转速远超过额定转速而导致电动机损坏，所以规定串励电动机负载应大于 30%～40% 的额定功率（机务段对牵引电动机作空载试验时 U_D 减小至额定电压的 1/30 左右）。此外，软特性不利于消除机车动轮空转（打滑），原因是超过额定转速时，牵引电动机仍保持一定的转动力矩。因此，在大功率半导体变流元件及控制技术高速发展、能较方便解决电动机调速问题的条件下，直流串励电动机牵引的局面将面临新型牵引电动机，尤其是交流异步电动机的挑战。

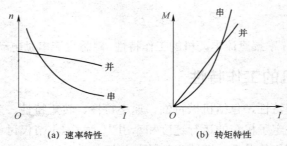

图 1.34   串、并励电动机的速率特性和转矩特性

2. 转矩特性

所谓转矩特性，是指电动机的转矩与负载电流的变化关系，如图 1.34（b）所示。

当电动机磁通不变时（并励电动机工况），转矩与负载电流成线性正比关系。串励电动机转矩与负载电流成二次方抛物线关系，比较串、并励电动机的转矩特性得出，串励电动机在大电流的情况下，即电动机起动阶段和外界机械阻力较大，迫使电动机转速显著降低时，其转矩比并励电动机大。因此，串励电动机用于牵引可增大机车起动牵引力和过载能力。

1.5.2 直流串励电动机的调速

在电动机的机械负载不变的条件下，用人工方法调节电动机的转速称为调速。

1. 电枢回路串接电阻调速

图 1.35 为串励电动机电枢串接电阻时的机械特性。在某一负载下，电阻越大，转速越低。

这种调速方法的优点是只需增设电阻和切换开关，设备简单，控制方便。缺点是能耗较大，经济性差；速度调节是有级的，调速的平滑性差。

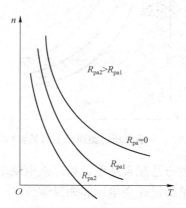

图 1.35　串励电动机电枢串接电阻时的机械特性

2. 改变电源电压调速

图 1.36 为串励电动机电压降低时的机械特性。在某一负载下，电压越低，转速也越低。为保证电动机安全运行，电压只能以额定电压为上限而降低，也称调压调速。这种调速方法的优点是电源电压如能平滑调节，就可实现无级调速，调速中无附加能量损耗。缺点是需要专用的电源电压，成本较高；转速只能调低，不能调高。

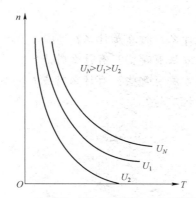

图 1.36　串励电动机电压降低时的机械特性

3. 改变主磁通调速

图 1.37 为串励电动机磁通减弱时的机械特性。在某一负载下磁通越弱，则转速越高。一般电动机的额定磁通已设计得使铁芯接近饱和，因此，改变磁通只能在额定磁通下减弱磁通，所以又称为削弱磁场调速。削弱磁场需要在励磁绕组两端并联电阻，一般电动机的励磁功率只有电机容量的 1%～5%，因此用于削弱磁场的并联电阻容量也很小。这种调速方法设备简单、控制方便、功率损耗小，可以提高转速，是直流牵引电动机常用的调速方法之一。

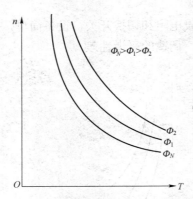

图 1.37   串励电动机磁通减弱时的机械特性

为扩大调速范围，常把几种方法配合使用。如地铁电动车组，常通过电枢串电阻和弱磁调速；电力机车和内燃机车，常通过改变电压和弱磁调速。

1.5.3   直流串励电动机的反转

直流电动机的旋转方向取决于电磁转矩的方向，而电磁转矩的方向取决于磁通与电枢电流相互作用的方向，故实现电动机反转的方法有两种：一种是改变磁通的方向（即励磁电流）的方向，另一种是改变电枢电流的方向。

若同时改变磁通方向及电枢电流的方向，则直流电动机的转向维持不变。

思考题

1. 直流电动机磁场分类是什么？特点是什么？
2. 直流牵引电动机起动的方法有哪些？有什么特点？
3. 直流牵引电动机调速的方法有哪些？有什么特点？
4. 如何实现直流牵引电动机反转？

项目 2

交流电机

 项目描述

现行使用机车的辅助电机通常都采用交流电机，其具有辅助机车牵引电机通风冷却等作用，同时和谐系列机车均采用交流牵引电机。

通过本项目的学习，使学生对交流电机有明确的认知，并且在应用过程中了解起动、反转、调速、制动的方法，最终掌握 DF₄ 和 SS₄ 等常用机车辅助电机的结构与检查维护方法，以及和谐系列机车的牵引电机结构与检查维修方法。

 项目教学目标

1. 能力目标

❖ 培养学生分析问题和解决问题的能力；

❖ 培养学生一般故障和应急故障处理能力，以及机车辅助电机结构与检查维护方法。

2. 知识目标

❖ 熟悉机车辅助电机的结构特点；

❖ 掌握交流牵引电动机的结构；

❖ 掌握交流电机的工作原理；

❖ 掌握机车交流牵引电动机起动、反转、调速、制动的方法。

3. 素质目标

在主要注重学生理解、掌握的同时，还要培养学生的自主学习能力、查阅资料能力、独立工作能力、团队协调能力；同时加强培养学生的安全工作意识及团队合作精神。

任务 2.1　同步发电机的基本知识

 任务描述

通过本任务的学习，掌握同步发电机的基本结构，熟悉同步发电机的工作原理。

2.1.1　同步发电机的基本结构

同直流电机一样，同步发电机的结构也分为定子和转子两大部分，如图 2.1（a）所示，但同步发电机的定子为电枢，是产生感应电动势的；转子为磁极，是产生励磁磁场的。

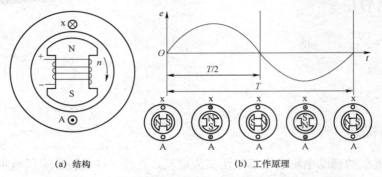

(a) 结构　　　　　　　　　　　　　(b) 工作原理

图 2.1　二极单相交流同步发电机结构及工作原理

2.1.2　同步发电机的工作原理

二极单相交流同步发电机工作原理如图 2.1（b）所示。在发电机的定子上放置单相定子绕组（电枢线圈）Ax，转子的磁极上绕有励磁绕组并通以直流电，产生一个二极磁场，磁场的方向依右手螺旋定则判定。当原动机拖动转子旋转时，则定子绕组与转子磁场间有相对运动，便在定子线圈中产生感应电动势。在制造电机时，只要正确选择转子磁极的极弧形状（极弧半径小于定子半径且两者圆心不重合），使气隙中的磁通密度按正弦规律变化，则转子旋转一周，定子绕组 Ax 中产生的感应电动势也按正弦规律变化一次。变化一个完整的正弦波形所需要的时间称周期 T，1 s 内完成正弦波形变化的次数称频率 f，显然，周期和频率有互为倒数的关系。

若在上述电机的定子上布置三相对称绕组（各相绕组线圈匝数和导线截面相等，在空间位置上彼此相差 120°电角度）Ax、By、Cz，如图 2.2 所示，则构成一台二极三相交流同步发电机。当转子旋转时，定子绕组中便产生三相交流感应电动势，且各相电势的幅值、频率相等，相位互差 120°电角度（电机中相邻两异性磁极间的夹角为 180°电角度）。同步发电机只有一对磁极，即 $p=1$ 时，转子旋转一周，定子绕组中的感应电动势交变一次。显然，对于具有 p 对磁极的同步发电机，若转子每分钟转 n 次，则绕组中产生感应电动势的交变次数为每秒 $(pn/60)$ 次，故感应电动势的频率为 $f=(pn/60)$ Hz。图 2.2 中，Ax、By、Cz 为三相对称绕组的单匝线圈，并规定电流从电枢绕组的首端（A、B、C）流出为正。依右手螺旋定则可判断出同步发电机的三相电流建立的电枢磁场如图 2.2（b）所示。不难看出：当一对磁极同步发电机定子绕组中有三相对称电流流过时，它们共同产生的电枢磁场磁极也是一对，随着负载电流的交变而在空间不断地旋转，且转向和转速都与转子磁场一样。因此可以推论：p 对磁极的同步发电机，电枢磁场也一定具有 p 对磁极，且转向和转速与转子磁场一致，二者保持相对静止，称这样的发电机为同步发电机。

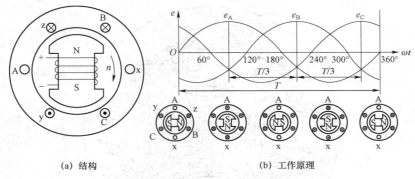

(a) 结构　　　　　　　　　　(b) 工作原理

图 2.2　二极三相交流同步发电机结构及工作原理

思考题

1. 同步发电机的基本结构组成有哪些？
2. 同步发电机的定子和转子的作用是什么？

任务 2.2　三相交流感应子发电机的基本知识

任务描述

通过本任务的学习，掌握三相交流电机的基本结构，熟悉三相交流感应子发电机的工作原理。

2.2.1　三相交流感应子发电机的基本结构

三相交流感应子发电机的定子铁芯是用硅钢片叠压而成的，在定子铁芯的内圆周上开有放置励磁绕组的大槽和放置电枢绕组的小槽；转子由齿轮形截面的硅钢片叠压而成。

2.2.2　三相交流感应子发电机的工作原理

图 2.3 为感应子发电机原理图。当发电机定子上的励磁绕组输入直流励磁电流时，则在电机中建立了励磁磁场，磁场的方向用右手螺旋定则判定。转子上虽没有励磁绕组，但转子齿轮状结构确定了其"齿"磁导大，与磁导成正比的磁通（由定子励磁磁场产生的）主要从转子齿部通过；而转子"槽"磁导小，只有少量磁通由转子槽部通过（可近似认为槽部磁通为零）。发电机运转时，由励磁磁场确定的定子磁极位置和极性都是确定不变的。转子的任一个齿对准定子某磁极时，都感应出与这一定子磁极极性相反的磁极，并使通过该转子齿的气隙磁通密度为 B_{max}；当转子槽对准这个磁极时，由于槽部的磁导小，使该处的气隙磁通密度为 B_{min} 而转子某齿转至不同的定子磁极位置时，感应出的磁极极性是不同的。由于转子本身无磁势，完全由定子励磁磁场感应而形成磁极，且同一转子齿的磁极极性随转子旋转而变化，这种电机称为异极性感应子电机，又因该电机无滑环电刷装置，故又称无触点电机。

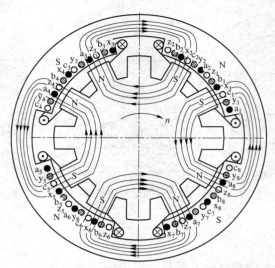

图 2.3　感应子发电机原理图

当感应子发电机匀速旋转时，由于转子齿、槽在电机中的空间位置周期性变化，使电机各处的气隙磁通也周期性变化，电枢绕组交链的磁通周期性变化（时大时小、方向不变），因而电枢绕组中产生出交变电动势。

下面，以某电枢线圈 A_1 为例，具体分析感应子发电机电枢绕组内产生交变感应电动势的过程。设 A_1 为单匝线圈，线圈首端有效边为 a_1，末端有效边为 x_1，并设外电路接通时电流由线圈首端 a_1 流出、末端 x_1 流入为正。电枢线圈 A_1 所对应的转子凸齿极性为 S_1，磁极在电枢绕组的上面，转子旋转时磁极运动方向向左，如图 2.4 所示。

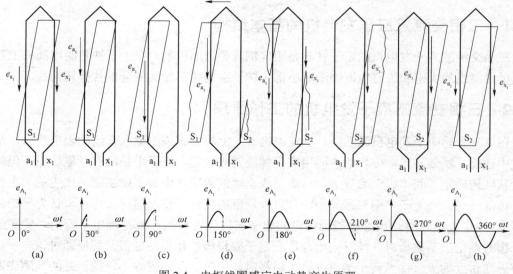

图 2.4　电枢线圈感应电动势产生原理

根据电磁感应原理，转子旋转时，转子磁极运动，电枢线圈中的有效导体被磁力线切割而产生感应电动势，感应电动势的方向用右手定则判定。图 2.4（a）为研究的起始位置，此时线圈的两个有效边 a_1、x_1 都有一段相等长度导体与磁力线切割，因此两有效边上产生的电动势大小相等，而对该线圈而言，这两电动势的方向相反，使线圈中的合成电动势为零。

当转子转过 30° 电角度时（转子每一个齿转至定子的某固定位置时其极性是不变的，而齿、槽经过该位置时磁通密度由 B_{max} 至 B_{min} 变化了一次，故两个齿间经历了磁通密度由最大到最小又到最大的变化过程，因而两齿间的电角度为 360°），转子齿与线圈 A_1 的相对位置如图 2.4（b）所示。此时有效边 a_1 约有一半的长度与 S_1 极下的磁力线切割，而有效边 a_1 与转子槽部对应，不切割磁力线，因此线圈中的合成电动势为有效边 a_1 上产生的电动势，且由首端流出，为正值。

当转子转过 90° 电角度时，如图 2.4（c）所示，有效边 x_1 仍不切割磁力线，而有效边 a_1 整个长度与 S_1 极下的磁力线切割，因此线圈中的合成电动势达到正的最大值。

当转子转过 150° 电角度时，如图 2.4（d）所示，此时有效边 x_1 仍不切割磁力线，有效边 a_1 只有约一半长度导体与 S_1 极下的磁力线切割，线圈中的合成电动势减为约 1/2 的最大值，仍为正值。

当转子转过 180° 电角度时，如图 2.4（e）所示，线圈的两有效边 a_1、x_1 都有相等的一段长度分别与 S_1、S_2 极（随着转子的转动，下一个磁极 S_2 已进入定子线圈 A_1 位置）下的磁力线切割，由于两有效边上产生的电动势大小相等，使线圈中的合成电动势又为零。

上述过程中，转子由起始位置转过 180° 电角度，线圈 A_1 中产生的电动势由零逐渐上升至最大值，然后又逐渐下降为零。整个过程中，线圈上的合成电动势为正。若接通外电路，在这一过程中，电流必然从 a_1 端流出，x_1 端流入。

当转子转过 210° 电角度时，如图 2.4（f）所示，有效边 a_1 不切割磁力线，而有效边 x_1 约有一半长度与 S_2 极下的磁力线切割，此时线圈 A_1 中的合成电动势为有效边 x_1 产生的电动势。若接通外电路，电流将从 x_1 端流出，故 A_1 线圈中的合成电动势变为负值。

当转子转过 270° 电角度时，线圈 A_1 中感应电动势达负的最大值，如图 2.4（g）所示。

当转子转过 360° 电角度时，转子齿 S_2 已进入到图 2.4（a）所示与 S_1 磁极相同的位置，如图 2.4（h）所示。线圈 A_1 中的合成电动势又为零，即转子转过一个齿距角（相邻齿中心线之间的夹角），线圈中的感应电动势变化一个周期。转子继续旋转，线圈 A_1 中产生的感应电动势又重复图 2.4（a）～（h）的变化过程。

思考题

1. 简述感应子发电机的基本结构。
2. 感应子发电机的特点有哪些？

任务 2.3   交流发电机在机车上的应用

任务描述

通过本任务的学习，掌握三相交流发电机在内燃机车上的应用。

2.3.1　TQFR-3000 型同步牵引发电机

DF$_{4B}$ 型内燃机车的牵引发电机是一台卧式、单轴承、凸极式三相交流同步发电机，型号为 TQFR-3000 型（T——同步；Q——牵引；F——发电机；R——热力机车；3000——额定容量 3 000 kV·A）。

同步牵引发电机与柴油机组成柴油机–发电机组。电机的输入端轴伸为法兰盘形式，通过半刚性联轴器与柴油机曲轴联结；电机的输出端为锥度轴伸，装有 ZG3626 双列向心球面滚子轴承（轴承径向游隙为 0.145～0.19 mm），轴伸通过传动轴与起动变速箱联结；机座端法兰用 28 根 M24×2 双头螺栓与柴油机联结箱联结。

柴油机起动时，起动辅助发电机 QF 通过起动变速箱、同步牵引发电机转轴带动柴油机起动。柴油机起动后驱动同步牵引发电机，并经起动变速箱驱动起动发电机 QF、感应子励磁发电机 L、测速发电机 CF 等辅助装置运转。

该电机设单轴承的目的，一是缩短电机的轴向长度，二是易于调整电机转轴与柴油机曲轴二者的同心度。

凸极式同步发电机的磁极，以明显的形式凸起安装在转子上，励磁绕组绕在磁极铁芯外面（隐极式同步发电机从转子外形上看不出磁极，它的励磁绕组直接嵌放在转子铁芯槽里），其特点是结构和工艺都比较简单，适合在转速较低、磁极数目较多的发电机中采用。

TQFR-3000 型同步牵引发电机也由定子和转子两大部分组成，如图 2.5 所示。

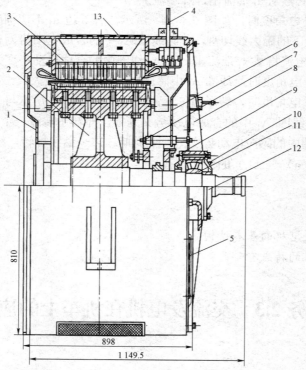

1—挡风板；2—转子；3—定子；4—出线盒；5—吸风网；6—导风板；7—刷架；8—端盖；9—轴承盖；
10—油杯；11—轴承；12—外轴承盖；13—排风罩
图 2.5　TQFR-3000 型同步牵引发电机

1. 定子

TQFR-3000 型发电机的定子是实现机电能量转换的电枢部分，作用是产生电势、提供磁路并充当电机的机械支撑。定子铁芯、定子绕组、刷架装置及端盖组成机座，主要作用是固定定子铁芯并承受定子的扭矩。机座用厚钢板焊制成圆筒形状，中部开有上、下排风口，前端上部焊有接线端子。为了满足电机通风散热的要求，机座内圆上焊有筋板，将定子铁芯固定在机座内圆的筋上，铁芯外圆与机座之间留有空隙，加上隔板可形成通风道。

定子铁芯的主要作用是嵌放定子电枢绕组、提供磁路。TQFR-3000 型发电机的定子铁芯提供交变磁场作用下的磁路，为了减少铁损和涡流损耗，定子铁芯采用 0.5 mm 厚冷轧硅钢片叠制。又由于定子铁芯外径太大（超过整张硅钢片规格尺寸），定子铁芯整个圆周由 9 片扇形冲片拼成。拼装叠制定子铁芯时，各层扇形片接缝应错开以减小磁阻。叠制时，沿铁芯轴向长度每隔一定距离要留下一段空隙构成电机的径向通风道，以减小电机定子铁芯和绕组的温升。定子铁芯两端有定子压圈，通过拉紧螺杆把铁芯压紧，最后将定子压圈与机座搭焊上，如图 2.6 所示。组装后的定子铁芯外径、内径和总长分别为 1 340 mm、1 100 mm 和 440 mm，铁芯每隔 40 mm 留有 10 mm 宽的径向通风槽，共构成 8 个径向通风道。定子铁芯内圆上开有 108 个电枢槽，以嵌放电枢绕组。

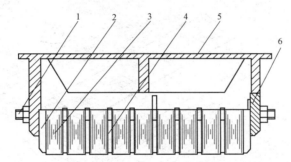

1—拉紧螺杆；2—定子端板；3—定子铁芯扇形冲片；4—定子通风槽板；5—机座；6—定子压圈

图 2.6　TQFR-3000 型发电机定子铁芯

定子绕组是同步发电机产生电势的主要部件。TQFR-3000 型发电机的定子绕组由 108 个线圈组成，每个线圈用 3 根 1.95×8 双玻璃丝高强度聚酯漆包线并绕 2 匝制成。定子绕组为双层、短距、分布绕组。定子绕组为三相，每相有 9 条支路。机座前端有 A 相、B 相、C 相和零相 4 个集流环，各相绕组的支路分别并联在各自的相集流环与零线集流环之间，构成星形接法三相电枢绕组。将每相 9 条支路并联，可增大发电机的对外输出电流。若需提高输出电压，可将同相的支路串联对外供电。

刷架装置的作用是向同步发电机转子磁极上的励磁绕组中输入直流电流。正、负刷架通过玻璃纤维酚醛塑料绝缘子并排安装于电机的前端盖上。每个刷架上有 3 个刷盒，每个刷盒内装有 25 mm×32 mm×60 mm D172 电刷一块，通过压指弹簧压力将电刷紧压于转子滑环的表面。弹簧压力为 19.6～24.5 N。

2. 转子

TQFR-3000 型发电机转子的作用是传递扭矩、产生磁场，它由转轴、磁轭支架、磁极、滑环及风扇组成。

转轴的主要作用是传递扭矩，安装转子部件，转轴采用 45 号锻钢制作而成，转轴上压装滑环座和磁轭支架。

磁轭支架既用来安装磁极，又是组成转子磁路的一部分。为了使磁轭支架具有足够的机械强度又具有较好的导磁性能，TQFR-3000 型发电机的磁轭支架采用 ZG251 铸钢件。为了减小转子重量，磁轭支架做成轮辐式，其外圆上安装磁极，内圆压装在转轴上。磁轭支架的两个端面安装风扇叶片，构成离心式自通风冷却电机。

TQFR-3000 型发电机共有 18 个磁极（9 对磁极），其作用是建立电机的主磁场。各磁极由励磁绕组、阻尼绕组等组成。磁极铁芯起固定励磁绕组并提供磁路的作用。用 1 mm 厚的冷轧 Q235 钢板叠制，两端加厚钢板压紧以防止变形，用铆钉铆紧。为使磁极铁芯联结牢固并便于安装固定，磁极中央贯穿一磁极拉杆，叠成后的磁极铁芯横向形成 4 个安装孔（由铁芯冲片截面开口形成），与磁极拉杆上的 4 个螺栓孔对应，4 个 M30、材质为 35CrMo 钢螺栓从磁轭支架的内表面拧到磁极拉杆上，将磁极固定在磁轭支架上。由于电机运转时，磁极具有很大的离心力，因此对起联结作用的磁极螺栓的强度要求较高。磁极铁芯如图 2.7 所示，转子磁极组装如图 2.8 所示。

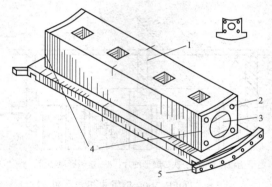

1—磁极冲片；2—铆钉；3—磁极拉杆；4—端板；5—阻尼环

图 2.7   TQFR-3000 型发电机磁极铁芯

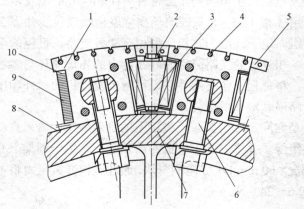

1—磁极铁芯；2—阻尼环连接板；3—撑块；4—阻尼条；5—阻尼环；6—螺钉；

7—磁轭支架；8—弹簧垫；9—磁极绕组；10—磁极衬垫

图 2.8   TQFR-3000 型发电机转子磁极组装

　　TQFR-3000 型发电机运转时，励磁绕组中流过较大的直流电流，为使励磁绕组散热良好，该电机的励磁绕组线圈用 2.63×15.6 TBR 扁铜线绕制，每个线圈绕 26.5 匝，18 个线圈依次串联构成励磁绕组。励磁绕组与磁极铁芯装配时，采用弹簧垫压紧。为避免电机运转时磁极绕组受切向力作用向外鼓出，两个磁极间加装撑块以挤紧绕组。撑块固定在磁轭支架上。

　　在同步发电机中，通过电刷与滑环将直流励磁电流不停地输入转子上的励磁绕组。TQFR-3000 型发电机采用装配式滑环，由滑环座、滑环、绝缘圈及螺栓等组成。两个 $\phi384\,\text{mm}\times32\,\text{mm}$、ZHSi80-3 黄铜制作的正、负滑环，通过 4 个螺栓固定在钢制的滑环座上。螺栓上套有绝缘套管，滑环与滑环座之间隔有绝缘圈。每个滑环上装有一个接线螺栓，分别接励磁绕组的首、末端端子。滑环表面车有左螺旋槽以利于散热。TQFR-3000 型发电机滑环组装如图 2.9 所示。

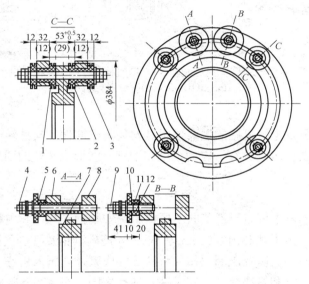

1、4、9—螺杆；2、3、10—绝缘圈；5、11、12—绝缘管；6、8—滑环；7—滑环座

图 2.9　TQFR-3000 型发电机滑环组装

　　TQFR-3000 型同步发电机自带离心式冷却风扇，风扇叶片安装于转子磁轭支架两端，转子转动时在电机内部形成两条风路：冷却空气自前端（输出端）盖吸风网吸入后，绝大部分经由转子磁轭轮辐空间、磁极间缝隙、定子径向通风沟槽，最后由机座的上、下排风口排出；另一部分冷却空气从电机前端盖吸风网吸入后，先冷却定子绕组端接部分，再经机座筋板上的孔，最后由机座的上、下排风口排出，为防止柴油机附近的油污物随冷却空气进入电机内部，在靠近柴油机侧设有挡风板，使冷却空气只能从远离柴油机的一端进入，这样吸入的空气比较清洁。

2.3.2　GQL-45 型感应子发电机结构

1. 定子

　　GQL-45 型感应子发电机为防护式轴向自通风电机。该电机由定子部分的机座、端盖、定子铁芯、励磁绕组、电枢绕组,以及转子部分的转轴、转子铁芯、风扇等组成,如图 2.10 所示。

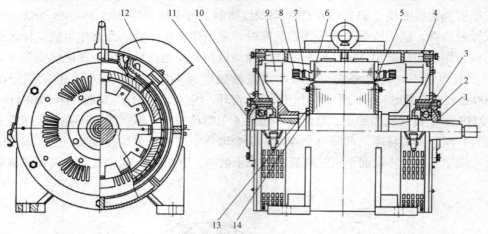

1—后轴承盖;2—油杯;3—轴承 7E32313;4—端盖;5—转子;6—定子铁芯;7—电枢绕组;8—励磁绕组;
9—风扇;10—轴承 3E313;11—前轴承盖;12—出线盒;13—保险环;14—环键

图 2.10　GQL-45 型感应子发电机结构

1)机座

GQL-45 型感应子发电机机座的主要作用是安装定子部件,支撑转子,并对电机施行封闭防护。对机座的主要要求是具有一定的强度和刚度,能形成必要的通风道。机座用薄钢板卷制成。

2)定子铁芯

GQL-45 型感应子发电机定子铁芯的主要作用是安装励磁绕组和电枢绕组,同时它也是电机磁路的组成部分。定子铁芯由 0.5 mm 厚 W12T4 冷轧硅钢片冲制的整圆冲片叠压而成,铁芯两端用 1 mm 厚的端板以及压圈、扣片将铁芯压成整体再压入机座。铁芯和机座间用键固定,并将键和压圈、键和机座焊固。定子铁芯冲片内圆上有 48 个半开口的小槽和 4 个大槽,电枢绕组嵌放在 48 个小槽内,励磁绕组嵌放在 4 个大槽内。定子铁芯组装后内径 300 mm,外径 423 mm。

3)励磁绕组

励磁绕组由 4 个线圈组成,每个线圈用 ϕ68/1.79 QZ-2 聚酯漆包线分 15 层绕 170 匝而成。线圈绕成后端部压成圆弧形,嵌放于定子铁芯大槽内。4 个励磁线圈依次串联,通以直流励磁电流,在电机定子上形成 4 个磁极。

4)电枢绕组

电枢绕组为单叠链式软绕组,共由 24 个线圈组成,每个线圈用 5 根 ϕ1.3/1.41 QZ-2 聚酯漆包线并绕 8 匝而成,两线圈串联为一线圈组一次绕制。12 个线圈组 24 个线圈分别嵌入 48 个电枢槽内。线圈节距为 3,同组的两个线圈也间距 3 槽,每个极下的同相线圈串联为一条支路,4 个磁极下各相的 4 条支路并联,对外以三相星形连接方式输出电动势。

2. 转子

转子的主要作用是输入扭矩,并形成电机的交变磁场。转子由转轴、转子铁芯和风扇等组成。转子铁芯由 0.5 mm 厚 W12T4 冷轧硅钢片叠成，铁芯冲片的外圆周上均匀分布 12 个斜凸齿，齿、槽的气隙差在 15 倍以上，凸齿相对于轴线扭斜 1°以改善电动势波形。转轴用 45 号锻钢材料制成。轴上开倾斜 1°的斜键槽一个，以便转子铁芯与转轴间用键固定。转子铁芯套在转轴上后，两端用压板压紧，加环键卡紧后将保险环套在环键上，将环键与保险环焊固，装上风扇组件构成完整的转子。

GQL-45 型感应子发电机组装后的电机气隙为 0.7 mm，构成的轴向自通风风路为：冷却风从传动端进风口进入电机，经绕组、气隙、机座与铁芯间的空腔，由非传动端出风口排出。

从以上 GQL-45 型感应子发电机的工作原理及结构不难看出，感应子发电机基本工作原理类似于同步发电机，但与一般同步发电机又有不同。转子齿的磁极由定子励磁磁场感应形成且极性随转子旋转至电机的不同位置而变化，故称其为感应式、异极性发电机；励磁绕组和电枢绕组均布置在定子上，电能的传输不需要电刷滑环等滑动接触部件，故称其为定子式、无触点电机。正是由于上述特点，才使这种电机因结构简单、维护量小、工作可靠而得到广泛应用。

与一般同步发电机比较，感应子发电机的主要缺点是硅钢片铁芯的利用率低，发电机输出电势的波形不容易达到理想的正弦波。

思考题

1. 说明 TQFR-3000 型牵引发电机的型号含义。
2. 简述 TQFR-3000 型牵引发电机的作用。
3. 简述 TQFR-3000 型牵引发电机的基本结构。
4. 励磁机的作用是什么？
5. 简述励磁机的结构。

任务 2.4 劈相机的基本知识及应用

任务描述

通过本任务的学习，掌握 JP402A 型劈相机的工作原理，以及在电力机车上的应用。

2.4.1 劈相机的工作原理

异步劈相机是一种结构特殊、用途特殊的三相异步电机。它是一种能实现单一三相变换的异步电机，用于一切由单相电源供电，而又以三相异步电机为负载的场合。在单相工频交流电力机车的辅助系统中，异步劈相机（简称"劈相机"）将主变压器辅助绕组供给的单相电源"劈"成三相，向辅助系统所有三相异步电机供电。图 2.11 所示为异步劈相机工作原理线路图。

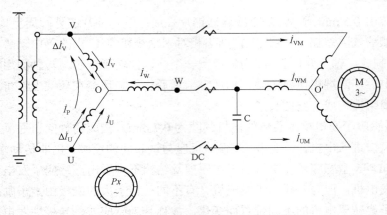

图 2.11   异步劈相机工作原理线路图

1. 异步劈相机的空载工况

当定子绕组 UOV 接至单相电源时，单相电流 I_P 由 U 相流入，从 V 相流出，该电流产生的磁场可以分解为两个幅值相等、转速相同、转向相反的旋转磁场，分别称为正序旋转磁场和负序旋转磁场。当劈相机转子静止不动时，这两个旋转磁场在转子导体中感应出两个大小相等、方向相反的电动势和电流，而产生两个大小相等、方向相反的电磁转矩，其合成起动转矩为零，故劈相机不能自行起动，这是劈相机的一个特点，也是一个缺点。因此，如何经济、可靠地实现劈相机的起动，是劈相机运行中必须首先解决的问题。

如果用某种方法使劈相机的转子转动起来，并达到额定转速 n_N，那么和转子转向一致的定子正序磁场与转子的相对速度很小，而和转子转向相反的定子负序磁场与转子的相对速度约为两倍同步转速，定子负序磁场切割转子导体，在转子导体中感应出数值较大，且频率为接近两倍电网频率的转子负序电动势和电流。由于转子漏抗的显著增大，使转子负序电流在相位上滞后于转子负序电动势 90° 电角度，从而使转子负序电流建立的磁场几乎抵消了定子负序磁场，气隙中的剩余负序磁场很微弱，这种现象称为转子的阻尼作用。异步电机的这种阻尼作用正是异步电机具有劈相机功能的基础。因此，当劈相机转子以额定转速转动时，可以认为气隙中只有正序磁场和正序磁通。

当劈相机转动起来以后，若劈相机不与外界电负载相接，称为劈相机空载工况。这时劈相机气隙中的正序磁场和磁通有两个作用：一是，正序磁通和转子导体内感应的正序电流相互作用产生电磁转矩，用以克服转子的机械阻转矩及转子负序电流产生的电磁阻转矩，驱使转子沿着正序磁场的方向继续维持转动，这时劈相机实际上是作为一台单相异步电动机运行；二是，正序磁场切割定子三相绕组，感应出三相电动势，从劈相机三相负载端来看，它又是三相发电机。因此，从这两方面作用来看，劈相机是一台单相异步电动机和三相异步发电机的组合体，既可以在它的轴上接上机械负载，又可以在它的 U、V、W 三相输出端接上电负载。

2. 异步劈相机的负载工况

当劈相机与三相电负载接通后，因 U、V 两相负载直接与单相电源相连，不需要经过劈相机即可直接从单相电源获得负载电流 I_{VM} 和 I_{UM}。W 相负载电流 I_{WM} 则由劈相机的 W 相提供。因为当电网 W 相缺相时，劈相机的 W 相电动势高于 W 相端电压，从而使 W 相电流反相，源源不断地向三相负载输出第三相电流 I_W，这时电机才真正进入劈相机工况运行。由于专用劈相机的轴上均不带机械负载，故劈相机负载前后的轴输出机械功率是不变的，所以它的气隙正序磁场也应保持不变。但 W 相输出电流 I_W 产生的单相磁势将使气隙磁场发生变化，这就需要从 U 相和 V 相输入相应的附加电流 ΔI_U 和 ΔI_V，以保持气隙正序磁场不变。而定子的负序磁场将随着 W 相电流 I_W 的增加而增加，这些新增加的负序磁场同样由转子产生新的负序电流去抵消，仍然保持气隙负序磁场几乎为零的特点。用数学关系式来表示上述两个物理现象，可把劈相机负载时的定子三相电流分解成两组：一组是劈相机空载时，仅在 U、V 相绕组中流过的单相电流，此电流与转子作用产生电磁转矩，以维持转子的继续转动，故称此电流为电动机电流，习惯上将 U、V 绕组称为劈相机的电动相绕组；另一组是劈相机负载后在三相绕组中重新加入的三相电流 ΔI_U、ΔI_V、ΔI_W，该电流与转子作用产生电磁阻转矩，相应地将这一组电流称为发电机电流，习惯上将 W 绕组称为劈相机的发电相绕组。由此可知，当劈相机负载时，在劈相机的发电相绕组中仅有发电机电流 I_W 流过，而在 U、V 电动相绕组中同时存在着电动机电流 I_P 和发电机电流 ΔI_U、ΔI_V，所以劈相机负载后的定子三相电流的关系可写成：

$$\dot{I}_U = \dot{I}_P + \Delta \dot{I}_U$$
$$\dot{I}_V = -\dot{I}_P + \Delta \dot{I}_V$$
$$\dot{I}_W = \dot{I}_W$$

因此，劈相机无论是空载工况还是负载工况，其定子三相电流都是不对称的，这种三相电流的不对称是劈相机负载后三相电压不对称的重要原因之一，这将直接影响辅助电动机的正常运行。如何在劈相机负载后或负载变化时保持其输出三相电压的对称性，也是劈相机运用中必须解决的核心问题之一。

上述分析表明：劈相机实质上是一种本身只输出一相电流的异步电机。劈相机工况实际上是三相异步电机在不对称条件下运行的一个特例。异步电机进入劈相机工况一般应具备以下两个条件：

（1）电机轴上的机械负载不变。

（2）三相电网中 W 相缺相，使 W 相电流反相输出。

只要具备上述条件，一般的三相异步电机同样具有劈相机功能。对于多台异步电机并联运行的场合，如果电网突然缺相造成三相异步电机单相运行，那么先运行的电机便会自动投入劈相机工况来起动后面的电机，当后面的电机起动完成后，该电机的劈相工况自动结束。

2.4.2 异步劈相机的起动方法

异步劈相机的起动方法有辅助电动机起动法和分相起动法两种。辅助电动机起动法是在劈相机的转轴上安装一台辅助电动机，起动时先由辅助电动机带动劈相机转子转动，待劈相机转速达到一定值时，将劈相机投入单相电网，并切除辅助电动机的电源。显然，这种起动方法需要增加设备，而且使劈相机的结构复杂、维修困难，故一般都不采用这种方法。分相起动法分为电阻分相起动和电容分相起动两种。电阻分相起动具有线路简单、设备成本低等优点，因而得到广泛的应用，国产韶山系列电力机车上的劈相机都采用电阻分相起动的方法。

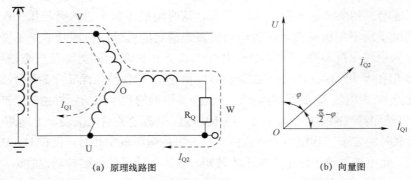

（a）原理线路图　　　　　　　　　（b）向量图

图 2.12　劈相机的电阻分相起动原理图

　　劈相机的电阻分相起动原理线路图如图 2.12（a）所示，图中 R_Q 为起动电阻。当劈相机的电动相绕组 UV 接通单相电源起动时，可以把定子绕组看作是由两相组成：一相是 VOU，它直接由单相电源供电；另一相是 VOW，它与起动电阻 R_Q 串联后由单相电源供电。这时流经 VOU 的相电流 I_{Q1} 滞后电压 U_{VU} 90°电角度，而流经 VOW 的相电流 I_{Q2} 滞后 $U_{VU}\varphi$ 电角度（$\varphi<90°$），如图 2.12（b）所示。这两个时间上有不同相位的起动电流流入在空间彼此相差一定电角度的两相绕组中，所产生的气隙合成磁场是一个旋转磁场，在该磁场的作用下能产生较大的起动转矩，使劈相机的转子转动起来。当转速达到同步转速的 80%～90% 时，借助接触器切除起动电阻，起动即告完成，劈相机投入空载运行。

　　多年来，在国产韶山系列电力机车上经常发生的劈相机烧损故障大部分发生在起动过程中，其主要原因是由于分相起动元件未能合理选择或正常接入。为了保障劈相机的可靠起动，应该解决以下两个问题：

　　（1）起动电阻值应选择合适，以获得最大的起动转矩。由于起动电阻值的大小对发电相起动电流 I_{Q2} 的幅值和相位影响极大，起动电阻过大或过小都会使两相磁势的合成磁场成为一个幅值变动、非恒速的椭圆形磁场，从而使起动转矩变小。因此，对不同型号的劈相机而言都有一个相应的起动电阻最佳值。

　　（2）控制好切除起动电阻的时刻。当劈相机的起动转矩达到最大值时，应及时切除起动电阻。起动电阻切除过早或过晚对起动电阻和劈相机都是很不利的。所以在劈相机转速低、尚未起动起来而过早切除起动电阻，则会因劈相机起动失败，造成定子绕组流过单相大电流而烧损，这种故障习惯上称为"走单相"。反之，当劈相机转速达到最大转矩对应的转速以后，如不及时切除起动电阻，对劈相机和起动电阻也是不利的。这是因为随着转速的增加，流过起动电阻的发电相电流也随之增加，造成起动电阻过热而烧损或阻值增大；同时负序磁场随发电相电流 I_W 的增加而增加，使转子导体中的负序电流增大，转子负序电流与气隙正序磁场相互作用产生 100 Hz 的交变电磁转矩，使劈相机承受强烈的电磁振动。

　　为了保证劈相机可靠起动和避免劈相机起动过程中有害的电磁振动，韶山系列电力机车上的劈相机采用专门设计的起动继电器来控制起动电阻的切除时刻。它是根据劈相机在最大起动转矩对应的转速附近发电相电压将会急剧增加的特点，正确利用发电相电压 U_W 与电网电压 U_{VU} 比值的变化来控制起动继电器的动作，在最大转矩点切除起动电阻，以保证劈相机可靠起动。另外，在劈相机的实际使用时，还应注意以下几点：

（1）劈相机只允许空载起动，待劈相机起动完成后，才能逐个接通电动机负载。

（2）劈相机停止工作前，应先断开电动机负载。劈相机运行中，应特别防止接触网突然断电。劈相机转速下降到 1 200 r/min 以下不带起动电阻重新起动时，可能造成劈相机"走单相"故障的发生。

（3）劈相机起动时间不能过长，在最低网压下起动时间应不超过 15 s；在高网压下，要防止过早切除起动电阻，造成劈相机在低速大电流下单相堵转。在一般情况下，连续起动次数不应超过 3 次。如仍不能起动，则应查明原因消除故障后，方可再行起动。

2.4.3　异步劈相机三相电压不对称的原因

使用由单相电源和劈相机组成的三相电源时，另一个需要解决的问题是：劈相机负载后如何保证输出三相电压的对称性，以使三相负载得到实际对称的电压和电流，保证辅助电动机的正常运行。实际上，如果劈相机的定子三相绕组为对称绕组，当劈相机空载时，其输出的三相电压是对称的；而在劈相机负载以后，即使负载是对称的，其输出三相端电压也是不对称的。通过前面的分析可知，劈相机负载时，其电动相绕组中流过的既有电动机电流，又有发电机电流；而发电相绕组中只流过发电机电流。这说明劈相机的定子三相电流是不对称的，不对称电流引起不对称的阻抗压降。在感性负载情况下，发电机电流引起的阻抗压降将使绕组的端电压小于感应电动势，而电动机电流引起的阻抗压降使绕组的端电压大于感应电动势。因此如果三相绕组对称，则三相感应电动势是对称的，在劈相机负载后由于三相不对称的阻抗压降，仍会造成劈相机三相端电压的不对称。

此外，没有被完全抵消的气隙剩余负序磁场，也将在定子三相绕组中感应出负序电动势，这就进一步加剧了三相电压的不对称。

2.4.4　JP402A 型异步劈相机

JP402A 型异步劈相机在结构上与三相鼠笼式异步电机相似，也是由定子（包括定子铁芯、定子绕组、机座）、铸铝转子（包括转子铁芯、转子绕组、转轴）、端盖、轴承盖等组成。在定子与转子间有 1 mm 的气隙。结构如图 2.13 所示。

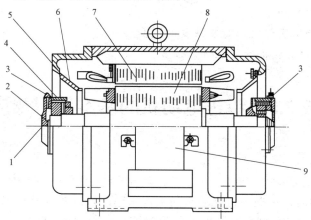

1—313Z1 轴承；2—轴承外盖；3—油杯；4—轴承内盖；5—端盖；6—挡风板；7—定子；8—转子；9—接线罩

图 2.13　JP402A 型异步劈相机结构图

定子铁芯和转子铁芯均采用 0.5 mm 厚 DW470-50 冷压硅钢片，按给定图形冲制的冲片叠压而成。定子铁芯外径为 423 mm，内径为 280 mm，铁芯长为 310 mm，定子槽型为半闭口槽，定子绕组为双层、短距、叠绕软绕组、F 级绝缘，导线为 ϕ1.45QZ（G）-2/155 改性高强度聚酯漆包线，三相绕组为不对称 Y 接。定子绕组接线原理图如图 2.14 所示。

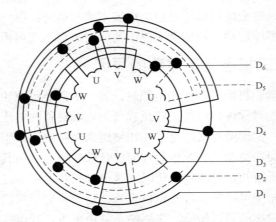

图 2.14　JP402A 型异步劈相机定子绕组接线原理图

转子为铸铝转子结构，端环、风叶、平衡柱及槽内导体用 A199.5 铝一次铸成，并热套于转轴上。转子外径为 278 mm，共 50 槽，槽型为倒梨形半闭口槽，槽斜 15 mm。机座、端盖及轴承盖均由 HT200 灰口铁铸成。在机座出线侧的筋上与定子铁芯间装有 2 个 M16×20 定位用的紧固螺钉。轴承外盖上装有 45°M10×1 接头式压注油杯。端盖上装有 313Z1 低噪声单列向心轴承。

思考题

1. 劈相机的实质是什么？
2. 简述劈相机的起动方法。
3. 详细说明劈相机实际使用时应注意的问题。
4. JP402A 型异步劈相机安装在什么位置？

任务 2.5　步进电动机的基本知识及应用

任务描述

通过本任务的学习，掌握步进电动机的工作原理，以及在内燃机车上的应用。

1984 年后生产的 DF$_{4B}$ 型内燃机车装有无级调速装置，取代原 16 个挡位的有级调速。无级调速的基本原理是用步进电动机通过蜗轮蜗杆传动，直接控制柴油机联合调节器中配速活塞的升、降及行程，以调节柴油机转速。原来的联合调节器配速机构设置4个电磁阀（1～4TV）组合出16种得电状态，使配速活塞有16个不同的预定空间位置从而获得柴油机的16个转速挡。改用步进电动机驱动配速活塞时，其转速调节是平滑的，具有"无数级"即无级特性。

2.5.1 步进电动机的工作原理

一般电动机是连续旋转的，而步进电动机则是一步一步转动的。当专用电源向步进电动机控制绕组每输入一个脉冲时，步进电动机就转动一个固定的角度或一段直线距离，所以又称之为脉冲电动机，这是一种把电脉冲信号变成角位移或直线位移的执行机构。

图2.15所示为三相反应式步进电动机原理图。它的定子上有6个极，每2个相对的极上设置一相控制绕组，6个极上设置三相控制绕组。转子上无励磁绕组，其磁极的有无和极性都取决于定子磁场，转子实质仅起磁轭作用，因而称之为反应式步进电动机。

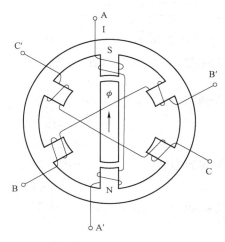

图2.15 三相反应式步进电动机原理图

当只有定子的A相绕组通电时，转子受A相励磁磁场作用而向一定的平衡位置转动（转子的稳定位置力求使通电相磁路的磁导为最大），使其轴线与A相对齐（图2.15所示位置）；A相断电B相通电时，转子将顺时针方向转过60°使其轴线与B相对齐，即步进电动机前进"一步"，而转角60°就是该电动机每步所转过的角度，称为步距角。如果电动机定子上的三相控制绕组按A-B-C-A相序供电，则电动机转子将以步距角60°的步伐一步一步地顺时针转动。若需改变步进电动机的转向，只需改变三相控制绕组电脉冲的相序；而调节步进电动机的转速（在步距角确定后）可通过调节控制绕组电脉冲的频率实现。

步进电动机定子控制绕组每改变一次通电方式（从一相通电换接到另一相通电），称为一拍，上述的通电方式为三相单三拍。"单"是指每次通电时，只有一相控制绕组通电；"三拍"是指三次切换控制绕组的通电状态为一个循环，第四次通电为重复第一拍通电的情况。图2.16为单三拍供电方式运行的步进电动机。此外还有"三相双三拍"供电方式，即三相控制绕组每次有两相同时通电，仍是三次切换通电状态为一个循环，即三相控制绕组通电相序为AB-BC-CA-AB，或AB-CA-BC-AB，从而使步进电动机正、反转。它的工作原理与三相单三拍相同，只是转子轴线的稳定位置不是对准定子某对磁极，而是对准通电的两相邻磁极分界面。这种供电方式每次有两相绕组同时通电，而且切换过程中始终有一相绕组保持通电，因而工作比较稳定。

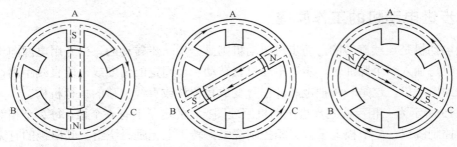

图 2.16　单三拍供电方式运行的步进电动机

三相步进电动机还有"三相单双六拍"供电方式，其三相控制绕组的通电相序为 A-AB-B-BC-C-CA-A，或 A-AC-C-CB-B-BA-A。在这种通电方式中，第一拍供电时，转子轴线与 A 相磁极对齐；第二拍供电时，转子轴线与 A、B 相邻磁极分界面对齐；第三拍供电时，转子轴线与 B 相磁极对齐。

显然，六拍供电方式与三拍相比，三拍的一步由六拍的两步来完成，故六拍供电的步距角只有三拍供电步距角的一半。若要获得与三拍供电时相同的电机转速，六拍供电方式要求控制电源的频率比三拍供电的加大一倍。又因为无论单拍或双拍供电时，转子均是由转子的齿与定子磁极或磁极分界面对齐而运转的，故转子上的齿越多，步距角就越小，步进电动机的转速就越低。无论是"单"或"双"拍供电方式的步进电动机，只要控制绕组在通电状态，总是一相或两相绕组有电，电机的转子就稳定在这一通电状态所对应的位置，即步进电动机具有"自锁"功能。

2.5.2　步进电动机的结构

DF$_{4B}$ 型内燃机车采用的是 70BF3-3j 型步进电动机，结构如图 2.17 所示。定子上有三对磁极，每对磁极上分别套装 A、B、C 三相控制绕组，三相绕组以星形接法引出，接专用

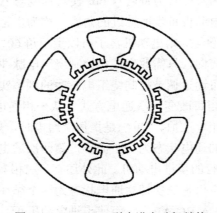

图 2.17　70BF3-3j 型步进电动机结构

控制电源。定子的每个磁极上开有 4 个槽，形成 5 个齿，齿槽等宽，齿距角为 9°。转子由导磁材料做成，外圆周表面均布 40 个齿，形成具有 40 个转子磁极的多极式转子（以减小步距角即转速），转子上的齿、槽等宽，齿距角也是 9°。

当 A 相控制绕组通电时，产生沿 A 磁极轴线方向的磁场，转子受到反应转矩（转子趋于使通电相磁路磁导最大的稳定位置运动而受的力矩）的作用而转动，直至转子齿与定子 A 极上的齿对齐为止。由于定子上共 6 个磁极，故极距为 60°，而定子极弧上有齿，齿距角为 9°，这就使得一个极距内的齿距数不可能是整数，也就是定子磁极上所有的齿不可能同时与转子齿对齐。如图 2.18 所示，当 A 极下的齿与转子齿对齐时，B 磁极下的齿与转子齿错开 $\frac{1}{3}t$（t 为齿距角），C 磁极下的齿与转子齿错开 $\frac{2}{3}t$。当 A 相断电、B 相通电时，在 B 磁极作用下，转子将左移，使转子齿与 B 磁极下的齿对准。同理，B 相断电、C 相通电时，转子又将左移 $\frac{1}{3}t$。即该电机在三拍制供电方式下工作时，步距角为 $\frac{1}{3}t$，即 3°；若该电机在六拍制供电方式下工作，步距角会减小一半，即 1.5°。无论三拍制或六拍制供电，电脉冲每循环一周期，转子转过一个齿距角。

步进电动机设计制造完毕，其转子齿数无疑就确定了，因此要改变步进电动机的步距角即转速，可以通过改变控制绕组相数、控制电源脉冲频率和供电状态方式（每供电循环拍数）来实现。

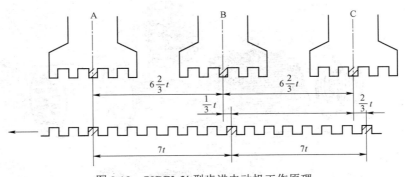

图 2.18　70BF3-3j 型步进电动机工作原理

步进电动机采用的是三相控制绕组，单、双六拍供电方式，其电动机转速通过改变控制绕组供电频率调节，若其供电频率恒定，则电动机转速是恒定的。

由于 70BF3-3j 步进电动机结构简单、轻小，易于快速起动、制动，且具有"自锁"能力，故对于平滑调节柴油机转速十分有利。该电机工作气隙很小，为保证其工作可靠性，定子和转子制成后，均用环氧树脂封闭，因此俗称"一命"电机。为电机故障时应急处理方便，电机的非输出端设有旋钮，在绕组断电后，可以用手转动电机转子，直接通过蜗轮蜗杆去驱动柴油机联合调节器配速活塞的升、降及行程，以手动调节柴油机转速。不过一定要注意，人为手动调速时，应使步进电动机控制绕组断电（步进电动机常处于一相或两相有电状态），否则，步进电动机犹如一块大磁铁处于"锁死"状态而不能转动。

思考题

1. 简述步进电动机在机车中的作用。
2. 简述步进电动机的基本结构。
3. 当步进电动机故障时，可以进行哪些应急处理？
4. 什么是步进电动机的"自锁"？

任务 2.6　三相异步电动机的基本知识

任务描述

通过本任务的学习，掌握三相异步电动机的基本结构及工作原理。

2.6.1　三相异步电动机的基本结构

图 2.19 为一台三相鼠笼式异步电动机的结构，主要由定子和转子两大部分组成，定、转子中间是气隙。此外，还有端盖、轴承、机座、风扇等部件。

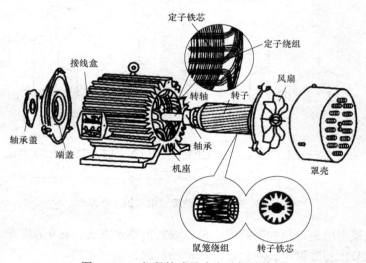

图 2.19　三相鼠笼式异步电动机的结构

1. 定子

定子由定子三相绕组、定子铁芯和机座组成。

定子三相绕组是电机定子部分的电路，在异步电动机的运行中起着很重要的作用，是把电能转换为机械能的关键部件。定子三相绕组的结构是对称的，一般有 6 个出线端 U_1、U_2、V_1、V_2、W_1、W_2，置于机座外侧的接线盒内，根据需要接成星形或三角形，如图 2.20 所示。

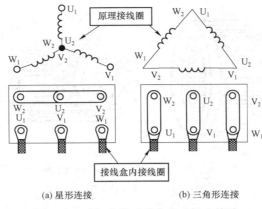

(a) 星形连接　　　　　　　　　(b) 三角形连接

图 2.20 三相鼠笼式异步电动机出线端

定子铁芯是异步电动机磁路的一部分，由于主磁场以同步转速相对定子旋转，为减小在铁芯中引起的损耗，铁芯采用 0.5 mm 厚的高导磁电工钢片叠成，电工钢片涂有绝缘漆以减小铁芯的涡流损耗。中小型异步电动机定子铁芯一般采用整圆的冲片叠成，大型异步电动机的定子铁芯一般采用扇形冲片拼成。在每个冲片内圆均匀地开槽，使叠装后的定子铁芯内圆均匀地形成许多形状相同的槽，用以嵌放定子绕组。槽的形状由电动机的容量、电压及绕组的形式而定。绕组的嵌放过程在电动机制造厂中称为下线。完成下线并进行浸漆处理后的铁芯与绕组成为一个整体，一同固定在机座内。

机座又称机壳，它的主要作用是支撑定子铁芯，并通过机座的底脚将电动机安装固定。全封闭式电动机的定子铁芯紧贴机座内壁，机座外壳上的热筋是电动机的主要散热面。中小型电动机的机座一般采用铸铁制成。大型电动机因机身较大浇注不便，常用钢板焊接成型。

2. 转子

异步电动机的转子由转子铁芯、转子绕组及转轴组成。

转子铁芯也是电动机磁路的一部分，也是用 0.5 mm 厚的电工钢片叠成。与定子铁芯冲片不同的是，转子铁芯冲片是在冲片的外圆上开槽，叠装后的转子铁芯外圆柱面上均匀地形成许多形状相同的槽，用以放置转子绕组。

转子绕组是异步电动机电路的另一部分，其作用为切割定子磁场，产生感应电动势和电流，并在磁场作用下受力而使转子转动。其结构可分为鼠笼式转子绕组和绕线式转子绕组两种类型。这两种转子各自的主要特点是：

鼠笼式转子：结构简单，制造方便，经济耐用；

绕线式转子：结构复杂，价格贵，但转子回路可引入外加电阻来改善起动和调速性能。

鼠笼式转子绕组结构与定子绕组大不相同。在转子铁芯外圆有槽，每槽内放一根导条，在铁芯两端用两个端环把所有的导条都连接起来，形成自行闭合的回路。如果去掉铁芯，整个绕组的形状就像一个鼠笼，如图 2.21 所示。导条与端环的材料可用铜或铝。如果用铜，就是事先把做好的裸铜条放入铁芯槽中，再用铜端环套在两端铜条的头上，并用铜焊银焊将其焊在一起，如图 2.21（a）所示。对中小型电动机，一般都采用铸铝转子，是用熔化了的铝液直接浇铸在转子铁芯槽内，连同端环及风叶等一次铸成，如图 2.21（b）所示。

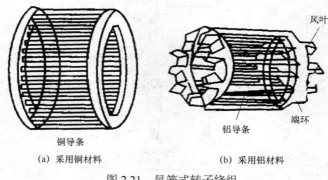

(a) 采用铜材料　　　　　　(b) 采用铝材料

图 2.21　鼠笼式转子绕组

绕线式转子绕组由绝缘导线组成，嵌放在转子铁芯槽内的三相对称绕组，三相一般为星形接法，三根引出线分别接到固定在转轴上并互相绝缘的三个集电环上，再通过安装在端盖上的电刷装置与集电环接触把电流引出来。这种转子的特点是可以通过集电环和电刷在转子回路中接入附加电阻，用以改善电动机的起动性能，或调节电动机的转速。有的绕线式转子异步电动机还装有一种提刷短接装置，当电动机起动完毕而又不需要调节转速时，移动手柄使电刷被举起而与集电环脱离接触，同时使三只集电环彼此短接起来，这样可以减少电刷与集电环间的磨损，提高运行可靠性。与鼠笼式转子比较，绕线式转子的缺点是结构复杂、价格较贵、运行的可靠性也较差。因此，绕线式转子异步电动机只用在要求起动电流小、起动转矩大，或需要调节转速的场合，例如，用来拖动频繁起动的起重设备。

转轴是整个转子部件的安装基础，又是力和机械功率的传输部件，整个转子靠轴和轴承被支撑在定子铁芯内腔中。转轴一般由中碳钢或合金钢制成。

3. 气隙

异步电动机的气隙是很小的，中小型电动机一般为 $0.2\sim2$ mm。气隙越大，磁阻越大，要产生同样大小的磁场，就需要较大的励磁电流。由于气隙的存在，异步电动机的磁路磁阻远比变压器大，因而异步电动机的励磁电流也比变压器的大得多。变压器的励磁电流约为额定电流的 3%，异步电动机的励磁电流约为额定电流的 30%。励磁电流是无功电流，因而励磁电流越大，功率因数越低。为提高异步电动机的功率因数，必须减少其励磁电流，最有效的方法是尽可能缩短气隙长度。但是，气隙过小会使装配困难，还有可能使定、转子在运行时发生摩擦或碰撞。因此，气隙的最小值由制造工艺以及运行安全可靠等因素来决定。

4. 其他部件

（1）端盖：安装在机座的两端，其材料加工方法与机座相同，一般为铸铁件。端盖上的轴承室里安装了轴承来支撑转子，以使定子和转子得到较好的同心度，保证转子在定子内膛里正常运转。端盖除了起支撑作用外，还起着保护定、转子绕组的作用。

（2）轴承：连接转动部分与不动部分，目前都采用滚动轴承以减少摩擦。

（3）轴承端盖：保护轴承，使轴承内的润滑油不致溢出。

（4）风扇：冷却电动机。

2.6.2 三相异步电动机的工作原理及起动、反转、调速和制动

1. 三相异步电动机的工作原理

1）作为电动机运行

作为电动机运行是其最普遍的工作状态。三相电流流入三相定子绕组，产生旋转磁势，并在气隙中产生相应的旋转磁场。旋转磁场也是以同步转速 n_1 在旋转。为了便于说明问题，在图 2.22 中用一对旋转的磁极来表示该旋转磁场。

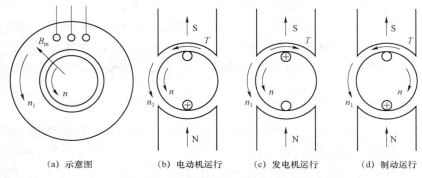

(a) 示意图   (b) 电动机运行   (c) 发电机运行   (d) 制动运行

图 2.22 三相异步电动机的工作原理

当旋转磁场切割转子导体时，在其中产生感应电动势，使转子导体中有电流流过，其方向可利用右手定则判断。转子电流与旋转磁场作用而产生电磁转矩，使转子以转速 n 旋转，从而把电能转换成机械能，使电动机运行。由左手定则判断可知，转子方向与磁场旋转方向相同，如图 2.22（b）所示。

当作为电动机运行时，为了克服负载的阻力转矩，三相异步电动机的转速 n 总是略低于同步转速 n_1，以便气隙中的旋转磁场能够切割转子导体而在其中产生感应电动势和感应电流，从而能够产生足够的电磁转矩来拖动转子旋转。如果转子的转速与同步转速相等、转向又相同，则气隙旋转磁场与转子导体之间没有相对运动，因而转子导体中就不会产生感应电动势和电流，电磁转矩也将为零。可见，异步电动机产生电磁转矩的必要条件是：磁场的同步转速 n_1 和转子的转速 n 不相等，即 $n_1 \neq n$。

把同步转速 n_1 和转子转速 n 的差值称为转差，转差与同步转速 n 的比值称为转差率，转差率用 s 来表示。

转差率是异步电动机的一个基本变量，它可以表示异步电动机的各种不同运行状态。

（1）在电动机刚起动时，转子转速 $n=0$，则 $s=1$，转子切割旋转磁场的相对速度最大，转子中的电动势及电流也最大。如果电动机产生的电磁转矩足以克服机械负载的阻力转矩，转子就开始旋转，转速会不断上升。

（2）随着转子转速 n 的上升，转差率 s 减小，转子切割旋转磁场的相对速度减小，转子中的电动势及电流也减小。在额定状态下，转差率 s 的数值通常都是很小的，中小型异步电动机的转差率约为 0.01～0.07，转子转速与同步转速相差并不是很大。而空载时，因阻力矩很小，转子转速 n 很高，转差率 s 则更小，约为 0.004～0.007，可以认为转子转速近似等于

同步转速。

（3）假设 $n=n_1$，则转差率 $s=0$，此时转子导体不切割旋转磁场，转子中就没有感应电动势。可见，作为电动机运行时，转速 n 在 $0\sim n_1$ 的范围内变化，而转差率则在 $1\sim 0$ 的范围内变化。

2）作为发电机运行

若异步电机的转轴上不是机械负载，而是用原动机拖动异步电机的转子以大于同步转速的速度与旋转磁场同方向旋转，如图 2.22（c）所示。此时，转子导体相对于旋转磁场的运动方向与图相反，转子导体中的电动势及电流也反向。由左手定则可知，转子导体所产生的电磁转矩也与转子转向相反，起着制动作用。为了克服电磁转矩的制动作用，使转子能继续旋转下去，并保持 $n>n_1$，原动机就必须不断向电机输入机械功率，而电机则把输入的机械功率转换为电功率输出给电网，此时异步电机成为发电机。异步发电机运行时，转差率 s 为负值。

3）在制动状态下运行

从图 2.22（d）可见，此时，转子导体相对于磁场的运动方向与电动机运行状态相同，故转子导体中的电动势和电流方向仍与电动机状态相同，作用在转子上的电磁转矩方向与旋转磁场方向一致，但却与转子转向相反，起了阻止转子旋转的作用，故称为三相异步电动机的制动运行。在这种情况下，它一方面消耗原动机的机械功率，同时也从电网吸收了电功率，这两部分功率均变为三相异步电动机内部的损耗。制动运行时，由于转子逆着磁场方向旋转，$n<0$，则转差率 $s>1$。

在上述 3 种运行状态下，转子转速总是与旋转磁场转速（同步转速）不同，因而称为异步电机。

又由于异步电机的转子绕组并不直接与电源相接，而是依靠电磁感应的原理来产生感应电动势和电流，从而产生电磁转矩使电动机工作，因而异步电机又称为感应电机。

实际上，异步电机绝大多数都是作为电动机运行。异步发电机的性能不如同步发电机优越，因此仅用在特殊场合。制动运行往往是吊车等设备的一种特殊运行状态。

2. 三相异步电动机的起动

三相异步电动机的起动是指从电动机接入电网开始转动，到达正常运转为止的这一过程。

一般衡量异步电动机起动性能的好坏，主要有如下 4 点：

（1）起动电流尽可能小。

（2）起动转矩要足够大。

（3）起动所用的设备简单、经济、操作方便。

（4）起动过程中的功率损耗要尽量小。

异步电动机在起动时存在着两种矛盾：电动机的起动电流大，而供电线路承受冲击电流的能力有限；电动机的起动转矩小，而负载又要求有足够的转矩才能起动。

对于容量不大，又是在空载情况下起动的异步电动机，例如一般机床上用的电动机，起动电流虽大，但在很短时间内冲一下就下降了，只要车间里许多机床不是同时起动，对供电线路不会造成太大影响，其起动转矩即使比电机的额定转矩还小，只要是空载起动，也是够用的。转起来之后，仍能承担额定负载。因此，在这种情况下，可以直接起动。

对于经常满载起动的电动机，例如电梯、起重机等，当起动转矩小于负载转矩时，根本就转不起来，当然就无法工作了。对于几百千瓦以上的中、大容量电动机，额定电流就有好几百安培，起动电流有数千安培，如此大的电流冲击一下，供电线路能否承受？这就要看电网和供电变压器的容量了。电动机的起动电流流过具有一定内阻抗的发电机变压器和供电线路时，总会造成电压的瞬时降低，变压器容量越小，内阻抗值就越大，起动电流引起的瞬时电压降也越大。供电电压的瞬时降低，不仅会使这台要起动的电动机本身转不起来，在同一条供电母线上的其他设备也要受到冲击，电灯会变暗，数控设备会失常，带着重载的电动机甚至会停下来。在这种情况下，变电所的欠电压保护可能会跳闸，造成停电事故。因此，大容量的异步电动机是不允许直接起动的。具体来讲，异步电动机的起动主要有以下 4 种方法：

1）小容量电动机空载或轻载起动——直接起动

小容量电动机空载或带轻载时，可以直接起动。直接起动就是将电动机定子绕组直接接到具有额定电压的电网上。这种起动方法的优点是操作和起动设备都简单。直接起动时电流较大，如果负载的惯量较大，起动时间可能较长。

电动机能否采用直接起动方法，不仅取决于电动机本身的容量大小，而且还与供电电网供电线路长短、起动次数及其他用户的要求有关。

供电电网容量越大，允许直接起动的电动机容量也越大。电动机与供电变压器之间的距离越长，起动时线路电压降也越大，则电动机的端电压就越低，有可能使电动机转不起来，此种情况下应降低允许直接起动的电动机容量。频繁起动的电动机，由同一台变压器供电的其他设备，如果都是动力用户，即都是电动机，则对允许直接起动的电动机容量的要求就放松一些，如果还有照明用户以及其他对电源电压波动很敏感的用户，则对允许直接起动的电动机容量的要求就更严一些。

2）中、大容量电动机空载或轻载起动——降压起动

凡电动机容量超过前面所述的要求时，就不能直接起动。在这种情况下，如果仍是空载或轻载起动，则起动时的主要问题就是起动电流大而电网允许的冲击电流有限。因此必须降低起动电流，要降低起动电流，最有效的措施就是降压起动。

降压起动时，电动机的起动转矩也相应降低，所以，降压起动只适用于电动机空载或轻载起动。常用的降压起动方法有星三角降压起动、自耦变压器降压起动、定子绕组串电阻或电抗降压起动、延边三角形降压起动。以下仅介绍两种降压起动方法。

（1）星三角（Y/△）降压起动。

星三角降压起动是指在额定电压下正常运行时为三角形接法的电动机，在起动时采用星形接法从而使三相定子绕组所承受的每相电压降低为额定电压（电源线电压）的 $\frac{1}{\sqrt{3}}$ 倍。其原理线路如图 2.23 所示。

起动时，先将转换开关 S_2 置于"起动"位，这时定子三相绕组作星形连接，然后将开关 S_1 合上，电动机开始起动。待电动机转速升高到一定值后，再把 S_2 置于"运行"位，此时定

子三相绕组作三角形连接，电动机就在额定电压下正常运行。

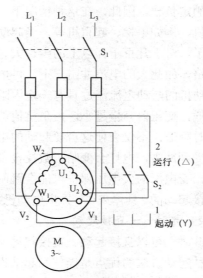

图 2.23　星三角降压起动原理线路图

由此可见，用星三角降压起动时，起动电流为采用三角形接法直接起动的 1/3，对降低起动电流很有效。但由于起动转矩 T_{st} 正比于 U_1^2，因此起动转矩也相应降低为采用三角形接法起动的 1/3，即起动转矩也降低很多，故此种方法只能用于空载或轻载起动的设备上。此种方法的最大优点是所需设备简单、价格低，因而获得了广泛的应用。由于此种方法只能用于正常运行时三相定子绕组为三角形接法的电动机，因此我国生产的 JO2 及 Y 系列三相鼠笼式异步电动机，功率在 4 kW 及以上者正常运行时都采用三角形接法。

（2）自耦变压器降压起动。

自耦变压器降压起动也称起动补偿器起动，这种起动方法是利用自耦变压器来降低起动时加在定子三相绕组上的电压，其原理线路如图 2.24 所示。

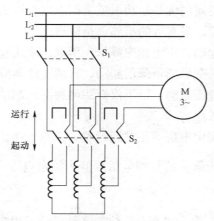

图 2.24　自耦变压器降压起动原理线路图

起动时，先将开关 S_1 闭合，然后再将开关 S_2 置于"起动"位。这时经过自耦变压器降压后的交流电压加到电动机三相定子绕组上，电动机开始降压起动，待电动机转速升高到一定值后，再把开关 S_2 置于"运行"位，电动机就在额定电压下正常运行，此时自耦变压器已从电网上被切除。

这种起动方法的优点是可以按容许的起动电流和所需的起动转矩选择自耦变压器的变比从而实现降压起动，而且不论电动机定子绕组采用星形接法或三角形接法都可使用；缺点是投资较大，设备体积大。

3）小容量电动机重载起动——鼠笼式电动机的特殊形式

小容量电动机重载起动时，主要问题是起动转矩不足。针对这种情况，解决的办法有两个：其一是按起动要求，选择容量更大的电动机；其二是选用起动转矩较高的特殊形式的电动机。这些形式电动机的机械特性与普通鼠笼式电动机的机械特性比较如图 2.25 所示。

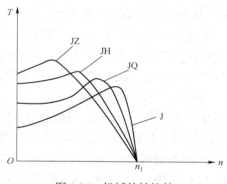

图 2.25　机械特性比较

起动转矩较高的特殊形式的电动机主要是指以下三种。其一是 JQ 型电动机，适用于一般重载起动，如皮带运输机等，其特殊的机械特性是转子参数（双鼠笼式异步电动机和深槽型异步电动机）设计制造成能够自动随转速变化。其二是 JH 型电动机，它的转子电阻设计得偏大，因此机械特性较软，适用于冲压机这一类带冲击负载的机械，常常带着机械惯性较大的飞轮，在冲击负载来到时，转速降落大，由飞轮释放出来的动能可以帮助电动机克服高峰负载。其三是 JZ 型电动机，转子电阻设计得更大，起动转矩也相应地更大，机械特性更软，适用于频繁起动的起重机和冶金机械。

4）中、大容量电动机重载起动——绕线电动机起动

中、大容量电动机重载起动时，起动的两种矛盾同时起作用，问题最尖锐。可以先用上述特殊形式的鼠笼式电动机试一试。如果不行，就只能用绕线电动机的方式了。绕线电动机常用转子串接电阻或转子串接频敏变阻器的方法来改善起动性能。绕线电动机转子串接电阻时，如果阻值选择合适，可以既增大起动转矩，又减小起动电流，使两对矛盾都得到解决，当然投入的设备要多些，成本较高。

另外，对于频繁起动、制动的电动机来说，即使容量不大，但起动、制动的时间占整个电动机工作时间的比例较大，大电流持续时间长，发热严重。如果选用鼠笼式电动机，哪怕

只是空载，每小时来回起动、制动次数过多也会过热。这时也应采用绕线电动机，利用转子外接电阻来控制起动、制动，起动时大部分热量产生在电动机外面，本身的发热也就小多了。

3. 三相异步电动机的调速

三相异步电动机的调速是指用人工的方法来改变三相异步电动机的转速。异步电动机在结构简单、价格便宜、运行可靠、维护方便等方面优于直流电动机，在容量、电压、转速等级上也比直流电动机高，但在调速和控制性能上较直流电动机差。异步电动机的转速是可以调节的，但目前还没有找到调速范围广、精度高、动态性能好，而又价廉、可靠、能够完全取代直流电动机的交流调速系统，这是国际上瞩目的一个研究课题。

1）变极调速

变极调速就是改变电动机定子绕组的磁极对数 p 来调速。如果电源频率 f_1 固定不变，只要改变电机绕组的磁极对数 p，则同步转速和转子转速 n 也会随着改变。而且，电动机的同步转速 n_1 与磁极对数 p 成反比变化，例如当 $f_1=50\ Hz$ 时，把磁极对数从 $p=1$ 变到 $p=2$，得到的同步转速将为 $n_1=3\ 000\ r/min$ 和 $n_1=1\ 500\ r/min$ 两种。

变极调速的异步电动机一般采用鼠笼式转子，因为鼠笼式转子的磁极对数能自动随着定子磁极对数的改变而改变，使定、转子磁场的磁极对数总是相等而产生平均电磁转矩。若为绕线型转子，则定子磁极对数改变时，转子绕组必须相应改变接法以得到与定子相同的磁极对数，很不方便。

变极调速常用的方法是在定子上只装一套绕组，而利用改变绕组接法来获得两种或多种磁极对数，称为单绕组变极。变极原理如图 2.26 所示，图中 U 相绕组由 $U_1\ U'_1$ 和 $U_2\ U'_2$ 两个线圈组成，如果两个线圈串联，向绕组通入电流后将产生 4 个磁极即 $2p=4$；如果两个线圈并联（即将 U'_1 和 U'_2 连接，U_1 和 U_2 连接），向绕组通入电流后将产生 2 个磁极即 $2p=2$。可见，磁极对数发生了改变。

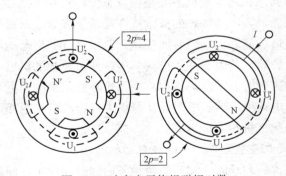

图 2.26   改变定子绕组磁极对数

图 2.27 是变极双速异步电动机的接线示意图。当改变定子绕组磁极对数，电源从 1、2、3 端引入时（4、5、6 悬空），定子绕组为三角形接法。由图中实线箭头表示的电流方向可见，此时一相绕组的两个线圈串联，磁极对数为 $2p=4$；当电源从 4、5、6 端引入时（1、2、3 端相连），定子绕组为 Y 接法，由图中虚线箭头表示的电流方向可见，一半线圈中的电流改变了方向，此时磁极对数为 $2p=2$。这种变极方法称为 Y/△接法，目前被广泛采用。

可以改变磁极对数的异步电动机称为多速异步电动机，其中有双速、三速、四速等多种，我国目前已大量生产，旧产品有 JD02 系列，新产品有 YD 系列。

变极调速方法的优点是设备简单；缺点是调速不平滑，而是一级一级的分段式调速。

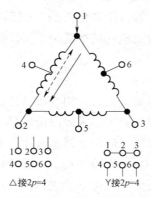

图 2.27　变极双速异步电动机的接线示意图

2）变转差率调速

变转差率调速就是通过改变电动机的转差率 s 来调速。当恒转矩负载调速时，改变转差率 s 有下列几种方法：

（1）在转子回路串入电阻、电感或电容，以改变转子电阻或转子电抗。

（2）改变定子绕组的端电压。

（3）在定子回路串入外加电阻或电抗。

改变转差率调速常用的方法是在转子回路中串入电阻，特性如图 2.28 所示。这种方法只适用于绕线转子异步电动机，在电动机转子回路中接入附加电阻后就可以改变电动机的特性曲线形状。假设在不同的转速时，负载转矩 T_2 恒定不变，在转子回路未接入附加电阻时，电动机稳定在 a 点运行，这时电动机的电磁转矩刚好与负载转矩 T_2 相平衡。随着转子电阻的增大，电动机的稳定运行点逐渐向图中左侧移动（a-b-c-d），也就是说，随着转子电阻的增加，转差率 s 变大，电动机的转速降低。

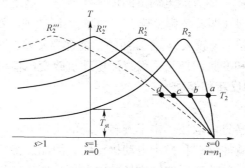

图 2.28　在转子回路中串入电阻调速

这一方法的物理过程：在转子回路电阻增加的最初瞬间，由于惯性的缘故，转子转速还来不及改变，转子回路的感应电动势仍维持原来的数值，因此，转子电流将随着转子回路电阻数值的增加而减少，电磁转矩也将下降，于是电动机开始减速。但随着转速的下降，转差率变大，转子回路的电动势及电流将随着转差率的增大而重新回升，从而使电动机的电磁转矩又重新增大，直到与负载转矩 T_2 重新相平衡为止。

这种方法的缺点是转子回路中接入附加电阻后，将使转子铜耗增加，降低了电动机效率。但由于此法比较简单，在中小容量的电动机中还是用得比较多，例如交流供电的桥式起重机大部分采用此法调速。

3）变频调速

由前面的分析可知，对异步电动机而言，用变极调速级数少，且不能平滑调速；用转子回路串联电阻改变转差率调速则损耗较大。因此，虽然异步电动机与直流电动机相比较有结构简单、成本低廉、坚固耐用等优点，但由于调速较困难而限制了其使用，一般只能接近恒速运行。以往在要求连续、精确、灵活调速的场合，直流电动机一直占有主要地位。然而，通过晶闸管提供一个频率可调的交流电源给异步电动机，从而使异步电动机转速能够平滑调节的变频调速技术正在获得迅速发展。

当降低交流电源频率 f_1 进行调速时，如果电源电压 U_1 不变，则磁通 Φ_m 将增加，使铁芯饱和，导致励磁电流和铁损增加，电动机温升将增加，这是不允许的。如果增大交流电源频率 f_1 进行调速，电源电压 U_1 不变，则磁通 Φ_m 将减小。在转子电流 I_2 不变的情况下，电磁转矩 T 必然下降，输出功率将下降。所以，变频调速时，总希望保持磁通 Φ_m 不变。因此，在调节交流电源频率 f_1 时，必须同时调节电源电压 U_1。

变频调速根据电动机输出性能的不同可分为：

（1）保持电动机过载能力不变的变频调速；

（2）保持电动机输出转矩不变的恒转矩变频调速；

（3）保持电动机输出功率不变的恒功率变频调速。

从调速范围、平滑性以及调速过程中电动机的性能等方面来看，变频调速很优越，可以和直流电动机相媲美。但要使频率和端电压同时可调，需要一套专门的变频装置，致使投入的设备增多，成本增大。

异步电动机的调速性能不如直流电动机的调速性能好。这是因为异步电动机的运行特点就是在接近同步转速工作时（即转差率 s 较小），机械性能较硬，效率和功率因数都较高。如果远低于同步转速（即转差率 s 较大），各方面的性能都要变差。因此改变转差率 s 不是理想的调速方法，而变极调速和变频调速又不像直流电动机改变电枢电压那么方便。

4. 三相异步电动机的反转和制动

1）反转

三相异步电动机的旋转方向取决于定子旋转磁场的旋转方向，并且两者的方向相同。只要改变旋转磁场的方向，就能使三相异步电动机反转。因此，将三相接线端中的任意两相接线端对调，改变三相顺序，就改变了旋转磁场的方向，从而使三相异步电动机反转。

2）制动

三相异步电动机的制动是指加上一个与电动机转向相反的转矩来使电动机迅速停转或

限制电动机的转速。电动机在以下情况下运行时属于制动状态：一种情况是在负载转矩为势能转矩的机械设备中（例如起重机下放重物，电力机车下坡运行）使设备保持一定的运行速度；另一种情况是在机械设备需要减速或停止转动时，电动机能实现减速或停止转动。

三相异步电动机的制动方法有两类：机械制动和电气制动。机械制动是利用机械装置（如电磁抱闸机构）来使电动机迅速停止转动，常用于起重机械设备上。电气制动是使电动机所产生的电磁转矩的方向和电动机转子的旋转方向相反，电气制动通常可分为反接制动、回馈制动和能耗制动。

（1）反接制动。

此时转子的转向与定子旋转磁场的转向相反，实现反接制动可用下述两种方法。

正转反接：将正在电动机状态下运行的异步电动机的定子绕组三根供电线任意对调两根，则定子电流的相序改变，其相应的旋转磁场立即反转，从原来与转子转向一致变为与转子转向相反，于是立即进入相当于 $s \approx 2$ 时的制动状态。为了使反接时电流不致过大，若为绕线型异步电动机，反接时应在转子回路中串入附加电阻。当电动机转速下降至零时，必须立即切断定子电源，否则电动机将向相反方向旋转。

正接反转：当绕线型异步电动机拖动的起重机下放重物时，其运行状态便是正接反转制动。这时定子接线仍按电动机运行时的接法（正接），而利用在转子回路串入较大电阻 R 来使转子反转。其原理和在转子回路串入电阻调速一样，当串入转子的电阻 R_t 逐步增至很大时，转子转速逐步减小至零，如图 2.29 中 a-b-c 所示。此时如果 R_t 继续增加，电磁转矩将小于总负载转矩（$T_2 + T_0$），转子就开始反转（重物向下降落）而进入制动状态。当 R_t 增加到 R_{t3} 时，电动机稳定运行在 d 点，转差率 $s = 1.2$，转子反转的速度为 $0.2n_1$，从而保证了重物以较低的均匀转速慢慢下降，而不致把重物损坏。显然，可调节 R_t 的大小来平滑控制重物下降的速度。

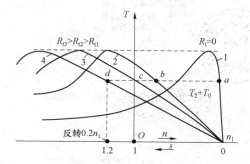

图 2.29 绕线型异步电动机正接反转的反接制动

（2）回馈制动。

当异步电机作电动机运行时，如果由于外来因素，使转子加速到超过同步转速，则异步电机进入回馈制动（发电机运行）状态。例如前述的起重机放下重物时，如果仍按电动机状态运行，即转子转向和定子旋转磁场转向相同，则在电动机的电磁转矩和重物的重力产生的转矩共同作用下，重物以越来越快的速度下降，当转子转速由于重力的作用超过同步转速，即 $n > n_1$ 时，异步电机就进入发电机制动状态运行，电磁转矩方向立即改变，一直到电磁转矩与重力转矩平衡时，转子转速以及重物下降速度才稳定不变，使重物恒速下降。这时重物下降减少的位能转换为电能回送给电机所接的电网，因此称为回馈制动。回馈制动的优点是经济性能好，可将负载的机械能变为电能返送回电网。缺点是应用范围窄，只有在电动机转速大于同步转速时才能实现。

（3）能耗制动。

如图 2.30 所示，将正在运行中的异步电动机的定子绕组从电网断开，而接到一个直流电源上，由直流电流励磁而在气隙中建立一个静止的磁场。从正在旋转的转子上来看，此磁场将是向后旋转的，因此由它感应于转子中的电流所产生的电磁转矩的方向应为向后转，即对转子起制动作用。这种制动方法是利用转子旋转时的惯性，使转子导体切割静止磁场的磁通而产生制动转矩，把转子的动能消耗于转子回路的电阻上成为铜耗，故称能耗制动。

能耗制动的优点是制动力强、制动平稳、对电网影响小。缺点是需要一套直流电源装置，而且制动转矩随着电动机转速的减小而减小，不易制停。

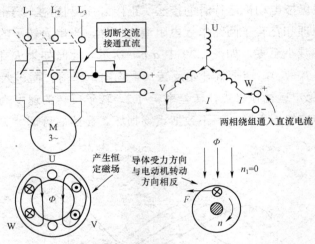

图 2.30　异步电动机的能耗制动

 思考题

1. 试述三相异步电动机的旋转磁场是如何转动的。
2. 试述三相异步电动机的起动方法有哪些。
3. 试述三相异步电动机的调速方法有哪些。
4. 试述三相异步电动机的反转方法有哪些。
5. 试述三相异步电动机的制动方法有哪些。
6. 思考 SS$_4$ 型电力机车上三相异步电动机都有哪些作用，以及具体安装位置。

任务 2.7 三相异步电动机在机车上的应用

任务描述

通过本任务的学习，掌握典型三相异步电动机在和谐系列机车上的应用。

2.7.1 YJ85A 型交流牵引电机

YJ85A 型交流牵引电机是引进日本东芝公司的图样和制造技术，进行国产化的，其外形如图 2.31 所示。该电机装用在大连机车车辆有限公司生产的 HXD_3 型 120 km/h 货运电力机车上，该机车轴式为 C_0—C_0，即每台机车装用 6 台牵引电机。此电机自 2006 年初在永济电机公司开始生产，已成为我国铁路线上发挥作用最大、保有量最大的异步牵引电机。其研发和生产，极大地提高了永济电机公司在异步牵引电机的设计和制造上的能力，为永济电机公司今后立足交流牵引市场打下了坚实的基础。该电机额定功率 1 250 kW，额定电压 2 150 V。

图 2.31 YJ85A 型交流牵引电机外形图

1. 整机结构

电机与机车的连接为滚动抱轴承结构，单端外锥轴斜齿轮输出，输出面锥度为 1:50。电机带有一个磁电式速度传感器，测速通过装在非输出端抽头的测速齿盘来完成。电机采用三轴承结构，传动端装用 UN 型绝缘圆柱滚子轴承，非传动端用一个 UN 型绝缘圆柱滚子轴承和一个 QJ 型绝缘四点接触球轴承，三个轴承均采用国产的铁路牵引电机专用润滑脂润滑。采用绝缘轴承是为了防止制造中转子和定子不同心，或逆变器脉冲电源在电机轴上产生轴电流。电机采用轴向强迫通风方式，冷却风从非传动端端盖径向通风孔进入，经过转子通风孔、定转子间的气隙、定子背部的通风道后，从传动端端盖轴向排出。电机两端的端盖均为铸钢结构，在定子与传动端端盖间还有一个定子过渡盘，此件也为铸钢结构。在电机两端盖处均设有注油口，在维护保养时可以按要求定时、定量补充润滑油。结构如图 2.32 所示。

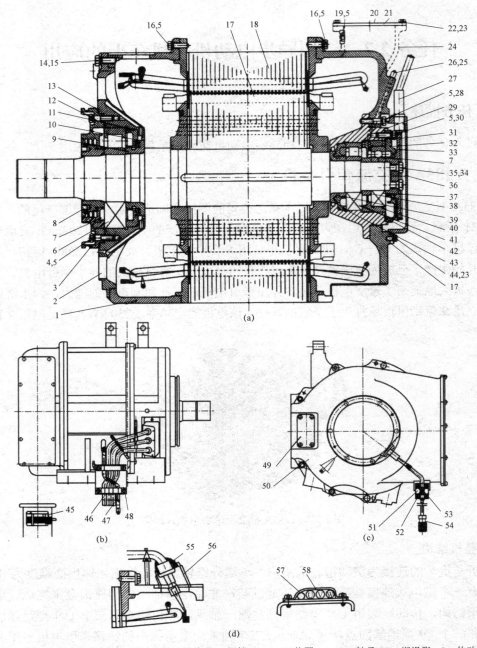

1—过渡盘装配；2—传动端端盖；3—传动端轴承外盖；4—螺栓 M16；5—垫圈；6—NU 轴承；7—润滑脂；8—传动端外封环；9—传动端轴套；10—传动端内封环；11—销子；12—密封圈；13—密封胶；14—螺栓 M20；15—垫圈；16—螺栓 M16；17—转子；18—定子；19—螺栓 M16；20—进风口盖板；21—进风口防护罩；22—螺栓 M12；23—垫圈；24—非传动端端盖；25—加油嘴盖；26—加油嘴；27—测速传感器；28—螺栓 M16；29—非传动端轴承座；30—螺栓 M16；31—键；32—非传动端外封环；33—测速齿盘；34—抽头扣片；35—螺栓 M12；36—非传动端轴承外盖；37—QJ 轴承；38—轴承内圈隔盖；39—非传动端内轴套；40—轴承外圈隔套；41—NU 轴承；42—密封垫；43—非传动端内封环；44—螺栓 M12；45—铭牌；46—三相引出线；47—接地线；48—引出线引导板；49—观察孔盖板；50—小件组焊；51—油管卡子；52—橡胶护垫；53—传感器引导板；54—传感器接头；55—引出线护套；56—接线盒；57—大线卡子；58—橡胶护垫

图 2.32　YJ85A 型交流牵引电机结构图

2. 定子结构

　　YJ85A 型交流牵引电机定子结构如图 2.33 所示。定子无传统的框架式机座，直接用硅钢片叠压而成，为全叠片结构。定子采用开口式槽型，槽内垫有槽绝缘，绕组为双层硬绕组，根据接线的需要，绕组的引出线做成 5 种长度形式，因此无需过渡连线，定子的槽楔用绝缘材料制成且很薄。定子的三相引出线接成 Y 形，绕组与三相引出线间有一过渡连线，此过渡连线可以减少连线间截面积的过大变化和电流密度的过大变化，三相引出线采用机车专用电缆。电机设有接地线，接地线也采用机车专用电缆。针对变频电机需要在较高频率下运行的特点，绕组采用聚酰亚胺薄膜带熔敷的两根导线并绕而成。为了得到足够的机械强度、良好的电气性能与优良的热稳定性，定子绕组用端箍固定。定子整体经过真空压力浸漆（VPI），电机的绝缘耐热等级为 200 级。

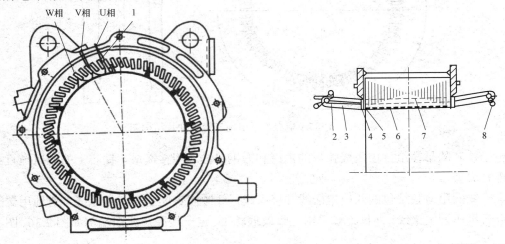

1—定子引线头；2、8—定子护环；3—定子线圈；4—槽楔；5—槽口绝缘；6—槽绝缘；7—定子铁芯
图 2.33　YJ85A 型交流牵引电机定子结构图

　　YJ85A 型交流牵引电机定子铁芯结构如图 2.34 所示，由冷轧硅钢片冲制的定子冲片叠

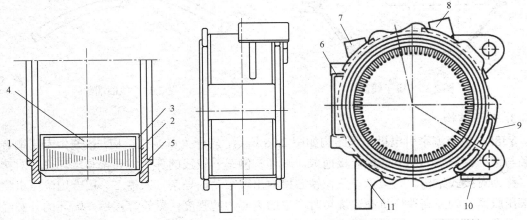

1—传动端压圈；2—定子盖板；3—定子大槽冲片；4—定子冲片；5—非传动端压圈；6—下通风道板；
7—下吊挂组件；8—上吊挂组件；9—上通风道板；10—安全托板；11—小吊挂组件
图 2.34　YJ85A 型交流牵引电机定子铁芯结构图

压，通过上吊挂组件、下吊挂组件及两个通风道与两端定子压圈焊接而成，定子铁芯既无拉杆也无拉板，定子冲片与两端压圈间各有一个点焊而成的定子端板以防冲片齿胀。为防电机在运行中因小吊挂螺栓故障而脱落，在定子铁芯的两个压圈间焊有一块安全托板。

定子冲片用 50W470 硅钢片冲制而成，冲片内圆冲有 72 个开口槽，冲片上既没有轴向通风孔，也没有焊接用定位槽，结构如图 2.35 所示。

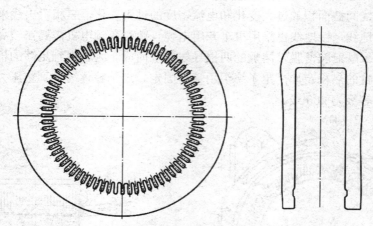

图 2.35   YJ85A 型交流牵引电机定子冲片结构图

定子铁芯的吊挂组件由压成弧形的钢板和锻钢吊挂块焊接而成，铁芯上的通风道直接用钢板压制成型。

定子线圈用薄膜绕包的两根电磁线并绕而成，线圈匝数间垫有云母绝缘，对地用聚酰亚胺复合云母作为主绝缘，外包绝缘采用无碱玻璃丝带。定子线圈及线圈端部如图 2.36、图 2.37 所示。

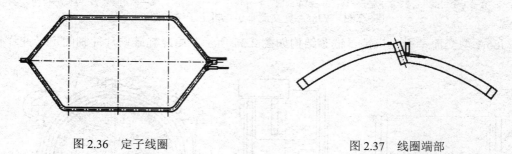

图 2.36   定子线圈   图 2.37   线圈端部

3. 转子结构

YJ85A 型交流牵引电机转子结构如图 2.38 所示，转子为鼠笼式结构，鼠笼由专用铜合金导条与锻纯铜的端环用感应焊焊接而成。端环一侧车一较浅的环槽，导条与端环进行对接焊接，称为对接式结构。为防止导条在铁芯槽内出现窜动，导条打入槽后，用专用滚压机将导条滚压胀紧；为提高端环抗高速旋转时产生的离心力的强度，鼠笼焊接后，端环的外圆经过加工再套一个护环；护环用高强度的专用护环钢制成；转子经过动平衡试验，避免高转速时对整机带来振动。

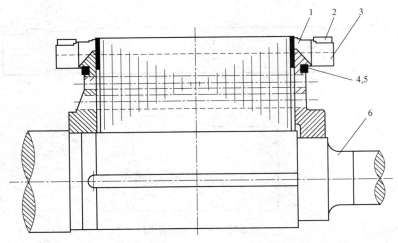

1—导条；2—护环；3—端环；4—平衡块；5—平衡块螺钉；6—转子铁芯

图 2.38　YJ85A 型交流牵引电机转子结构图

转子铁芯由冷轧硅钢片叠压而成，转轴材质为高强度合金钢。铁芯两端为铸钢结构的压圈。与定子一样，冲片与两端压圈间各有一个端板冲片点焊而成的转子端板，以防冲片齿胀。

转子端环由锻纯铜制成，转子护环用高强度的专用护环钢（特种不锈钢）制成，均用整体锻出，不得拼焊。为防护环带磁性在电机运行时产生涡流发热，护环加工后除需经超声波探伤外，还需进行剩磁量的检查。

转子护环的作用是对端环及端环与导条的焊接面进行保护，所以护环材料机械性能的稳定、化学成分的稳定、内部晶格结构的均匀、加工尺寸的精度都至关重要。

端环与护环间过盈量的选取也是一个很重要的问题，由于不同的材料有不同的弹性模量和线胀系数，所以在选取过盈量时应考虑电机运行中温度变化带来的影响。

转子端环、护环如图 2.39、图 2.40 所示。转子导条的材料选用电阻温度系数较小的专用铜合金拉制或轧制，如图 2.41 所示。导条端部结构如图 2.42 所示。

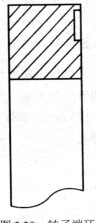

图 2.39　转子端环

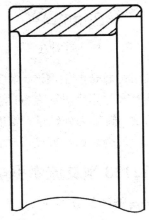

图 2.40　转子护环

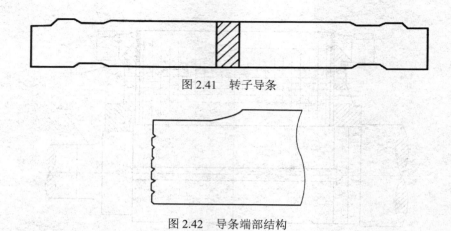

图 2.41　转子导条

图 2.42　导条端部结构

转子冲片与定子冲片由同一张硅钢片复冲而成。定子冲片内孔落下的料，去除电机气隙所在部分的材料后，即为转子冲片的原料。

转子冲片上有两排轴向通风孔，不设径向通风槽。冲片上冲有 58 个半闭口槽。转子冲片及槽型如图 2.43、图 2.44 所示。

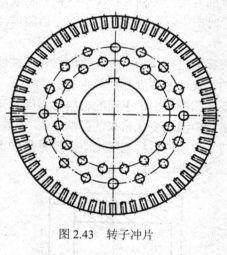

图 2.43　转子冲片

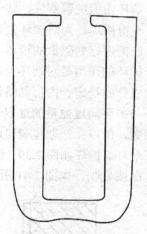

图 2.44　半闭口槽型

电机的转轴用优质合金钢锻造，锻造后进行粗加工、调质、精加工和磨削加工。锻造和调质保证转轴既有高的强度，又有好的抗冲击韧性，精加工和磨削加工保证转轴有好的组装性和高的回转精度。转轴为外轴锥，锥度 1:50，锥度大端直径 125 mm，转轴全长 1 106 mm。由于锥度面较长，为拆卸齿轮方便，轴锥上均匀划了 9 条油槽。

2.7.2　4LCA2138 型交流牵引电机

1. 定子部分与转子部分

转向架上的电机支座由 3 个压入电机支座的弹性支撑组成，机座多采用钢板焊接结构。电机采用自通风并配有空气过滤器和消声器。

定子被设计为没有外壳的结构。牵引电机钢条束通过在 DE（驱动端）和 ND（非驱动端）侧的绕环，以及 4 个纵向牵引杆焊接为防自身扭转的结构。轴向冷却通风排直接布置在定子钢条上，可起到迅速驱散热量的作用。端板栓接到定子进气口处，位于 DE 侧。2 个用于过滤冷空气的滤波器，通过一个快速缓解阀被安装到端板上。空气过滤器可以保护电机，防止危险异物进入。

定、转子铁芯冲片选用 0.5 mm 厚的高导磁、低损耗的冷轧硅钢片，要求内、外圆同时落料，以保证气隙的均匀度。转子铁芯内孔与轴用热套固定，取消键槽配合，以满足牵引电机频繁正反起动的要求。定子由硅钢片堆叠而成并与刚性端面板焊接在一起，定子铁芯固定在钢制机架中。

定子槽型一般采用开口型，这样可以用成型绕组以获得良好的绝缘性能，增加运行的可靠性。对于选用气隙较小的电机，可在定子槽口开通风槽口，这样可增加通风效果，同时还可以增加电机漏抗，减小谐波电流的影响。

定子线圈的绝缘等级为 200，定子线圈由绝缘矩形侧断面的圆边铜导线缠绕，再捆扎上一根附加绝缘线圈，一并插入到与绝热箔平行的凹槽中。定子线圈连接电路与 Y 形连接点构成无驱动端的端部绕组。所有连接都是硬焊，绝缘端部绕组交织有大量的玻璃纤维束，同样，线圈连接点及其分支都连接到线圈接线片上。在注入和硬化后，线圈耐用力会增强，可排斥因冲击和短路而造成的形变。

转子铁芯末端有 2 个鼠笼端环和 2 个用于固定层压片的转子缠绕环。转子层压片也配有用于散热的轴向通风孔。配有内螺纹的孔，用来紧固起到平衡转子作用的转子缠绕环 D 和 N 的平衡锤。

坚固的鼠笼形转子采用热叠压工艺制成，在端环的外围设有套环，提高了转子的强度和可靠性。转子导条由铜合金制成，楔入铁芯中将锁定其位置。转子导条和铁芯进行树脂造型，提高导条的冷却效果。转子导条采用高频感应加热，硬焊在端翼上。端翼的设计能够承受最大运行速度 1.2 倍的超速运转。

为了改善起动性能，转子槽有时做成深槽式，但由于变频调节的异步牵引电动机都采用低频起动，实际上起动时的集肤效应很小，这时转子绕组有效电阻的增加和漏电感的减小作用已极不明显，故从磁路饱和及结构简单的角度考虑，多采用一般的矩形（或槽底为半圆形的矩形）槽。当电动机的功率较大时，也采用梯形槽。异步电动机一般不采用斜槽转子。

使用绝缘轴承，阻止由于三相电流不平衡时产生的轴电流流过轴承，避免轴承受到电腐蚀，保证轴承寿命。轴承由高强钢制成，轴承部位设有注油口，做成能够中间加油（一次）的方式。

在电机反相输出端有一个润滑轴。每 3 年需要用油枪对其充油一次，电机每 6 年需进行一次大修。

轴承周边采用密封方式，可以长期不加油、不检查。封入轴承盖里的润滑脂构成没有磨耗部位、完全接触的油封，具有防尘、防水功能。同时设有加油口，可以中间加油。

风扇由铸铝合金制成，安装在轴上，用螺栓紧固于驱动端转子端面板上。冷却空气可通过电机机架上的内置式过滤孔进入。

2. 速度测量

为配合变频调速系统进行转速（差）闭环控制和提高控制精度，在电机内部应考虑装设非接触式转速检测器（脉冲发射机）。电机的旋转速度和方向可通过脉冲发射机来测量，其安装在齿轮箱的传动装置上。

3. 牵引电机温度监测

电机温度通过两个冗余设计的 PT100 温度监控器测量，其位于排气孔侧的定子缠绕环上。

4. 牵引电机的防腐保护

电机表面覆盖了一层由两种成分构成的氧化材料底漆，中间喷涂和最外层饰面材料为含有带两种成分的聚亚安酯清漆。

5. 牵引电机的悬挂

为适应高速列车运行需要，异步牵引电机大多采用全悬挂方式（或称架承式悬挂），利用实心轴传动球形万向联轴节，置于轴伸和小齿轮中间，以补偿运行中轮对和电机间相对垂直位移，避免电机承受弯矩和轴向力，延长轴承寿命。

2.7.3　5GEB32 型牵引电机

1. 定子结构

（1）定子机座：采用铸造结构。

（2）定子质量：1 332 kg。

（3）定子线圈：采用薄膜熔敷铜线绕制而成。

（4）汇流环和引出线：汇流环由铜母线 TMR 绕制而成，4 个导电环经绝缘包扎后由支撑夹紧装置固定在定子铁芯上，定子线圈引出线与汇流环上联线焊接。定子三相引出线端标识为 TA、TB、TC。

（5）定子铁芯：定子铁芯由定子支撑、定子冲片、定子端板冲片叠压而成。定子冲片由 0.5 mm 厚优质冷轧硅钢板冲制而成。结构如图 2.45 所示。

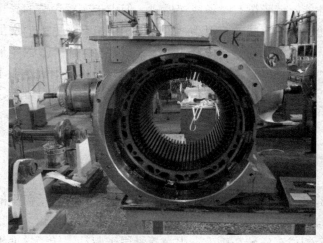

图 2.45　5GEB32 型牵引电机定子结构

2. 转子结构

（1）转子装配：转子由轴、转子铁芯、端环和导条装配而成，转子质量 706 kg。

（2）端环和导条框架结构：在专用工装夹具上将导条和转子铁芯装配为一体后，再焊接端环，然后热套入转轴。导条和端环均为专用铬铜合金材料。

（3）转子铁芯：转子铁芯由约 952 片 0.5 mm 厚优质冷轧硅钢板冲制的整圆片、3 mm 厚的优质冷轧钢板特制的端板和合金钢压圈叠压而成。转子铁芯轴向设有 72 个通风道。结构如图 2.46 所示。

图 2.46　5GEB32 型牵引电机转子结构

 思考题

1. 简述三相异步电动机按转子结构不同的分类。
2. 画出星形连接端子接线图及简图。
3. 画出三角形连接端子接线图及简图。
4. 简述三相异步电动机结构组成。
5. 简述三相异步电动机工作原理。
6. 简述什么是转差率。
7. 简述不同工况下转差率及转速的关系。
8. 简述三相异步电动机的起动方法。
9. 简述三相异步电动机的调速方法。
10. 简述三相异步电动机的制动方法。

项目 3

变压器

 项目描述

  变压器是机车动力的核心装置，是交流电力机车一个重要部件，用来把 25 kV 高电压转换为供给牵引电机及其他电机、电器工作所适合的电压。牵引变压器主变压器安装在交流馈电的电力机车上，把馈电电源转换为适当的主电路电源和辅助电源。

 项目教学目标

1. 能力目标

❖ 培养学生分析问题和解决问题的能力；

❖ 培养学生一般故障和应急故障处理能力；

❖ 培养学生牵引变压器结构与检查维护方法；

❖ 培养学生平波电抗器结构与检查维护方法。

2. 知识目标

❖ 熟悉变压器的结构特点及分类；

❖ 掌握牵引变压器的结构特点以及保护装置的结构及作用；

❖ 掌握平波电抗器的结构特点以及保护装置的结构及作用。

3. 素质目标

  在主要注重学生理解、掌握的同时，还要培养学生的自主学习能力、查阅资料能力、独立工作能力、团队协调能力；同时加强培养学生的安全工作意识及团队合作精神。

任务 3.1　变压器的基本知识

 任务描述

  通过本任务的学习，掌握变压器的基本结构，以及变压器的分类方式及不同变压器的作用。

3.1.1　变压器的基本结构

变压器主要由铁芯和绕组两个基本部分组成。对于电力变压器和机车的主变压器，还有油箱绝缘套管等辅助设备。

1. 铁芯

铁芯构成变压器的磁路系统，并作为变压器的机械骨架，由铁芯柱（柱上套装绕组）、铁轭（连接铁芯以形成闭合磁路）组成，如图 3.1 所示。

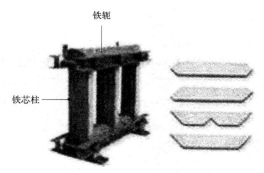

图 3.1　变压器铁芯

小型变压器铁芯截面为矩形，大型变压器铁芯截面为阶梯形，如图 3.2 所示，目的是充分利用空间。

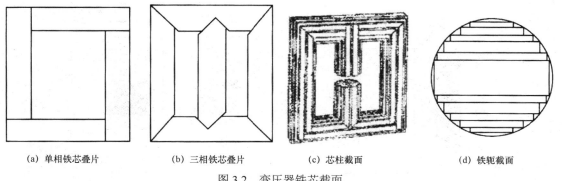

(a) 单相铁芯叠片　　　(b) 三相铁芯叠片　　　(c) 芯柱截面　　　(d) 铁轭截面

图 3.2　变压器铁芯截面

铁芯通常采用硅钢片叠成，片与片之间进行绝缘，目的是减小涡流和磁滞损耗，提高磁路的导磁性。国产低损耗节能变压器均采用冷轧晶粒取向硅钢片，表面采用氧化膜绝缘。铁芯的基本形式有心式和壳式两种，如图 3.3 所示。

(a) 心式变压器

(b) 壳式变压器

图 3.3   变压器的铁芯形式

心式变压器的特点是绕组包围铁芯，结构比较简单，适用于电压较高的情形。我国生产的单相和三相电力变压器多采用心式结构铁芯。

壳式变压器的特点是绕组被铁芯包围，散热比较容易，机械强度比较高，适用于电流较大的情形，如电焊变压器、电炉变压器等，小容量的电源变压器也采用壳式铁芯结构。

近年来，开发出了一种渐开线式铁芯，铁芯柱由硅钢片卷成渐开线的形状，然后卷成圆柱形铁芯柱，叠装比较方便。铁轭用带状硅钢片卷成，容易实现生产机械化。渐开线式铁芯的三相磁路对称，节省材料，但空载电流较大。

2. 绕组

绕组构成变压器的电路部分，小型变压器一般用具有绝缘的漆包圆铜线绕制而成，容量稍大的变压器则采用扁铜线或铝线绕制。装配时低压绕组近铁芯，高压绕组套在低压绕组外面，高、低压绕组间设置油道（或气道），以加强绝缘和散热。

根据高压绕组和低压绕组的相对位置，变压器可分为同心式和交迭式两种类型，如图 3.4 所示。

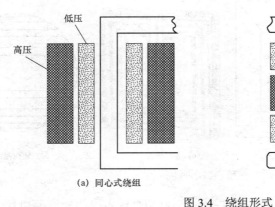

(a) 同心式绕组

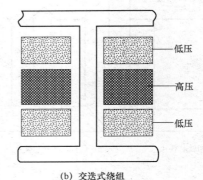

(b) 交迭式绕组

图 3.4   绕组形式

同心式的高、低压绕组同心地套装在铁芯柱上，为了便于绝缘，一般将低压绕组套在里层，高压绕组套在外层。低压绕组与铁芯之间、低压绕组与高压绕组之间进行绝缘。同心式绕组的结构简单、制造方便，国产电力变压器均采用这种结构。

交迭式的高压绕组和低压绕组都做成饼状，交替地套在铁芯柱上，一般将低压绕组靠近铁轭，通常用于低电压、大电流的电焊变压器和电炉变压器。

3. 油箱

除了干式变压器以外，如图 3.5 所示的电力变压器的器身都放在油箱中，油箱内充满变压器油，其目的是提高绝缘强度（因变压器油绝缘性能比空气好）、加强散热。

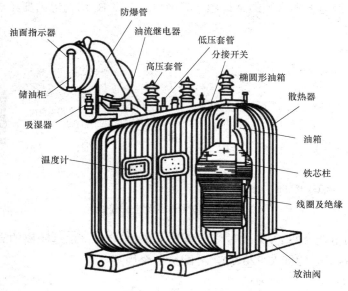

图 3.5　电力变压器

4. 绝缘套管

变压器的引线从油箱内穿过油箱盖时，必须经过绝缘套管，以使高压引线和接地的油箱绝缘。绝缘套管一般是瓷质的，为了增加爬电距离，绝缘套管外形做成多级伞形，10～35 kV 绝缘套管采用伞形结构，结构如图 3.6 所示。

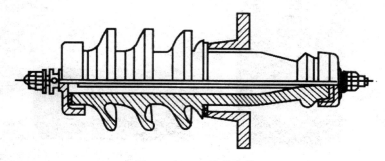

图 3.6　35 kV 绝缘套管

3.1.2　变压器的分类

变压器可以按用途、绕组数目、相数、冷却方式分别进行分类。

1. 按用途分类

根据变压器的用途，可以分为电力变压器、电压互感器、电流互感器、电源变压器、特殊用途变压器。

1）电力变压器

图 3.7（a）为常用电力系统的结构图，其中 B_1、B_2、B_3 均为电力变压器；图 3.7（b）为电力变压器外形图。

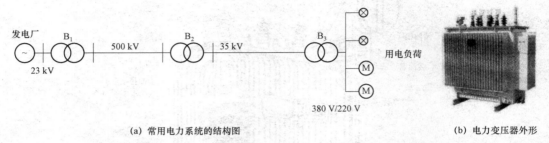

(a) 常用电力系统的结构图　　　　　　　　　　(b) 电力变压器外形

图 3.7　电力变压器及电力系统

发电厂发出的电能（23 kV）通过变压器升压（500 kV），由远距离的高压输电线输送，最后再使用变压器降压（380 V/220 V），分配给各个用户。

2）电压互感器

电压互感器的作用是将高电压降为低电压（一般额定值为 100 V），供电给测量仪表和继电器的电压线圈，使测量、继电保护回路与高压线路隔离，保证人员和设备的安全，如图 3.8 所示。

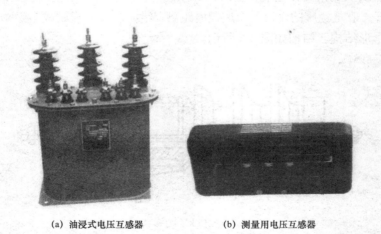

(a) 油浸式电压互感器　　　　　　　(b) 测量用电压互感器

图 3.8　电压互感器

电压互感器接线如图 3.9 所示，一次绕组并联在被测的高压线路上，二次绕组与电压表、功率表的电压线圈等构成闭合回路。由于二次侧所接的电压表等负载的阻抗很大，二次侧电流很小，电压互感器实际上相当于一台空载运行的降压变压器。

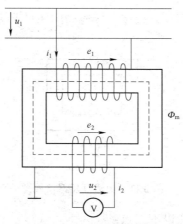

图 3.9　电压互感器接线图

电压互感器二次绕组的额定电压规定为 100 V，其优点是与电压互感器二次绕组连接的各种仪表和继电器可以实现标准化，测量不同等级的高电压，只要换上不同等级的电压互感器即可。常用的电压互感器变比有 3 000 V/100 V、6 000 V/100 V 等。

使用电压互感器时，应注意以下三点：

（1）电压互感器在运行时，二次绕组不允许短路。因为二次绕组匝数少，阻抗小，如果短路，其短路电流将非常大，将互感器烧毁。使用时，低压侧电路要串接熔断器作短路保护。

（2）电压互感器的铁芯和二次绕组的一端必须可靠接地，以防止高压绕组绝缘被损坏时，铁芯和二次绕组带上高压而造成事故。

（3）电压互感器的准确度等级与其使用的额定容量有关，如 JDG-0.5 型电压互感器，其最大容量为 200 V·A，输出不超过 25 V·A 时，准确度等级为 0.5 级；输出 40 V·A 以下为 1.0 级；输出 100 V·A 以下为 3.0 级。这是因为输出电流越大，电压比误差越大的缘故。

3）电流互感器

电流互感器是按一定比例变换交流电流的电工测量仪器，如图 3.10 所示。一般二次侧电流表的量程为 5 A，只要改变接入的电流互感器的变流比就可以测量不同数值的一次侧电流。

（a）穿墙式全封闭电流互感器

（b）配电用电流互感器

（c）精密微型电流互感器

图 3.10　电流互感器

电流互感器的结构与工作原理与单相变压器相似。它也有两个绕组：一次绕组串联在被测的交流电路中，流过的是被测电流，一次绕组一般只有一匝或几匝；二次绕组匝数较多，与交流电流表（或电度表、功率表）相接。接线如图 3.11 所示。

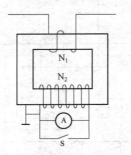

图 3.11　电流互感器接线图

使用电流互感器时必须注意以下三点：

（1）三次绕组绝对不允许开路。否则将使铁芯过热，烧坏绕组或产生很高的电压，使绝缘击穿，并危及测量人员和设备的安全。

（2）铁芯及二次绕组一端必须可靠接地，以保证工作人员和设备的安全。

（3）二次绕组负载阻抗要小于规定的阻抗，互感器准确度等级要比所接仪表的准确度高两级。

利用电流互感器原理可以制作便携式钳形电流表，用于不断开电路测量电流，如图 3.12 所示。它的闭合铁芯可以张开，将被测载流导线钳入铁芯口中，这根导线相当于电流互感器的一次绕组。铁芯上有二次绕组，与测量仪表连接，可直接读出被测电流的数值。

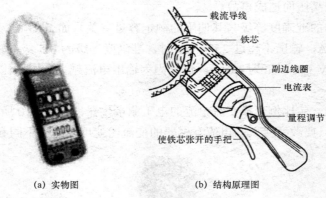

(a) 实物图　　　　　　　　　(b) 结构原理图

图 3.12　钳形电流表

4）电源变压器

电源变压器专门应用于负载的供电电源。

根据工作频率的不同，可以分为工频电源变压器、中频电源变压器和高频电源变压器。其中，工频电源变压器的工作频率为 50～60 Hz，应用最广泛，可作为控制变压器、行灯变压器和各种专用仪器及设备的电源变压器等。

小功率电源变压器根据铁芯结构形式的不同，可分为 E 型、C 型、O 型（环形）、R 型变压器，如图 3.13 所示。其中，E 型变压器应用最广泛、最普遍。

(a) E 型变压器

(b) C 型变压器

(c) O 型变压器

(d) R 型变压器

图 3.13　小功率电源变压器

5）电焊变压器

交流弧焊机由于结构简单、成本低廉、维护方便而被广泛使用。电焊变压器是交流弧焊机的主要组成部分，它实质上是一台特殊的降压变压器。在焊接中，为了保证焊接质量和电弧的稳定燃烧，对电焊变压器提出了如下要求：

（1）电焊变压器空载时，应有一定的空载电压，通常在 60～75 V 左右，以保证起弧容易。另外，为了操作者的安全，空载起弧电压又不能太高，最高不宜超过 85 V。

（2）在负载时，电压应随负载的增大而急剧下降，通常在额定负载时的输出电压约在 30 V 左右。

（3）在短路时，短路电流不应过大，以免损坏电焊机。

（4）为了适应不同的焊接工件和不同焊条的需要，要求电焊变压器输出的电流能在一定范围内进行调节。

为了满足上述要求，电焊变压器的一、二次绕组分装在不同的铁芯柱上，再用磁分路法、串联可变电抗器法及改变二次绕组的接法等来调节焊接电流，如图 3.14 所示。

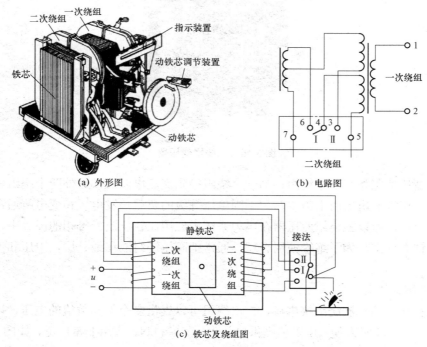

图 3.14　磁分路动铁芯式弧焊机

2. 按绕组数目分类

根据绕组的数目，变压器可以分为双绕组变压器、三绕组变压器、多绕组变压器和自耦变压器。

1）双绕组变压器

通常的变压器都为双绕组变压器，即铁芯上有两个绕组，一个为一次绕组，接电源；一个为二次绕组，接负载，如图 3.15 所示。

图 3.15　双绕组变压器

2）三绕组变压器

三绕组变压器为容量较大的变压器（在 5 600 kV·A 以上），用以连接三种不同的电压输电线，如图 3.16 所示。

图 3.16　三绕组变压器

三绕组变压器每相有三个绕组，当一个绕组接到交流电源后，另外两个绕组就感应出不同的电动势，这种变压器用于需要两种不同电压等级的负载。发电厂和变电所通常出现三种不同等级的电压，所以三绕组变压器在电力系统中应用比较广泛。每相的高、中、低压绕组均套于同一铁芯柱上。为了绝缘使用合理，通常把高压绕组放在最外层，中压和低压绕组放在内层。

3）多绕组变压器

多绕组变压器的一次绕组接电源，二次绕组可以提供多个不同数值的电压，以满足不同负载的需要，使用非常方便，可以提高供电效率，节省材料，应用非常广泛，如图 3.17 所示。

图 3.17　多绕组变压器

4）自耦变压器

自耦变压器二次绕组是一次绕组的一部分，如图 3.18 所示。它的结构简单，节省材料，体积小。自耦变压器在使用过程中的损耗也比普通变压器要小，因此效率较高，比较经济，广泛应用于变压比不大（变压比 $K<2$）的场合。但自耦变压器的一、二次绕组之间不仅有磁的耦合，还有电的联系，因此在使用时必须正确接线，且外壳必须接地，否则将会造成比较严重的后果。我国规定：安全照明变压器不允许采用自耦变压器结构形式。

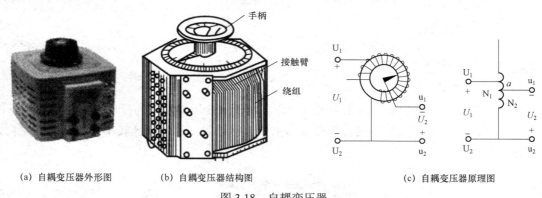

(a) 自耦变压器外形图　　(b) 自耦变压器结构图　　　　　(c) 自耦变压器原理图

图 3.18　自耦变压器

3. 按相数分类

根据变压器所接电源的相数，可以分为单相变压器和三相变压器。

1）单相变压器

一次绕组和二次绕组均为单相绕组的变压器称为单相变压器，如图 3.19 所示。

图 3.19　单相变压器

单相变压器结构简单、体积小、损耗低，适宜在负荷密度较小的低压配电网中使用。在美国、日本等发达国家，单相变压器供电已经成为居民供电的主要方式。

2）三相变压器

一次绕组和二次绕组均为三相绕组的变压器称为三相变压器，如图 3.20 所示。

三相变压器是三个相同容量的单相变压器的组合。它有三个铁芯柱，每个铁芯柱都绕同一相的两个线圈，一个是高压线圈，另一个是低压线圈。

图 3.20 三相变压器

4. 按冷却方式分类

1）干式变压器

以空气为冷却介质的变压器称为干式变压器，干式变压器又分为开启式、封闭式和浇注式。图 3.21 为开启式干式变压器，其器身与大气直接接触，适用于比较干燥而洁净的室内，一般有空气自冷和风冷两种冷却方式。

图 3.21 开启式干式变压器

图 3.22 为封闭式干式变压器的一种，其器身处在封闭的外壳内，与大气不直接接触。由于密封、散热条件差，主要用于矿用或需要防爆的场合。

图 3.23 为浇注式变压器，用环氧树脂或其他树脂浇注作为主绝缘，结构简单、体积小，适用于较小容量的变压器。

图 3.22 矿用防爆型封闭式干式变压器

(a) 环氧树脂浇注式干式变压器

(b) 真空浇注式干式变压器

图 3.23 浇注式变压器

　　相对于油浸变压器，干式变压器因没有油，也就没有火灾、爆炸、污染等问题，故电气规范规程等均不要求干式变压器置于单独房间内。特别是新的系列干式变压器，损耗和噪声下降许多，更为变压器与低压屏置于同一配电室内创造了条件。

　　2）油浸变压器

　　油浸变压器依靠油作为冷却介质，冷却方式包括油浸自冷、油浸风冷、油浸水冷及强迫油循环等。油浸变压器采用全充油的密封型。波纹油箱壳体为密封的油箱，以自身弹性适应油的膨胀。目前，油浸变压器已经广泛地应用于各配电设备中。图 3.24 所示的电力变压器和动车组主变压器均为油浸变压器。

(a) 电力变压器

(b) 动车组主变压器

图 3.24 油浸变压器

3.1.3　变压器的工作原理

变压器的工作原理如图 3.25 所示。在绕组 N_1 上施加交流电压 $\dot{U}_1$，便有交流电流 $\dot{I}_1$ 流入，因而在铁芯中激励出交变磁通 $\dot{\Phi}$。根据电磁感应定律可知，磁通 $\dot{\Phi}$ 的交变会在绕组 N_2 中感应出电势 $\dot{E}_2$，此时若绕组 N_2 接上负载，就会有电能输出。由于绕组的感应电势正比于它的匝数，因此只要改变绕组 N_2 的匝数，就能改变感应电势 $\dot{E}_2$ 的大小，这就是变压器的工作原理。

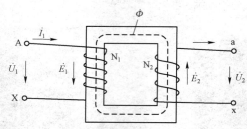

图 3.25　变压器的工作原理

绕组 N_1 从电源吸收电能，称为原边绕组，有关原边绕组的各量均以下标"1"来表示。例如，原边绕组的功率、电流、电阻分别为 P_1、I_1、R_1。绕组 N_2 向负载输出电能，称为副边绕组，有关副边绕组的各量均以下标"2"来表示。例如，副边绕组的功率、电流、电阻分别为 P_2、I_2、R_2。若原边绕组为高压绕组、副边绕组为低压绕组，则该变压器就是降压变压器；若原边绕组为低压绕组、副边绕组为高压绕组，则该变压器就是升压变压器。

 思考题

1. 简述变压器基本结构组成。
2. 简述变压器按用途的分类。
3. 简述电压互感器和电流互感器的实质。
4. SS₄ 型电力机车所使用的变压器属于冷却方式分类中的哪种？

任务 3.2　变压器在机车上的应用

 任务描述

通过本任务的学习，掌握典型牵引变压器的应用，以及不同电力机车的牵引变压器的型号及特点。

3.2.1　TBQ8-4923/25 型主变压器

SS₄ 改型电力机车主变压器的型号为 TBQ8-4923/25。这是一种一体化变压器，除含有主变压器外，还含有平波电抗器和 4 个独立磁路的滤波电抗器，它们装在一个油箱里，共用一个冷却系统。

TBQ8-4923/25 型主变压器由下油箱、上油箱、器身、油保护装置、冷却系统、其他附属装置等组成，器身由铁芯、线圈、绝缘件组成。

1. 铁芯

主变压器的铁芯为芯式结构，采用 0.35 mm 性能优良的冷轧电工钢片叠装而成，由于该电工钢片表面覆有一层薄的氧化膜，有一定的绝缘作用，所以表面不涂漆。芯柱截面为 10 级阶梯形。铁芯如图 3.26 所示。

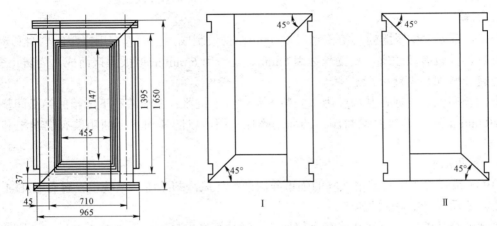

图 3.26　TBQ8-4923/25 型主变压器的铁芯

硅片叠积时，按图 3.26 中Ⅰ、Ⅱ两片一叠交替进行。为降低铁损，钢片接缝采用半斜，即硅钢片的 4 个接缝中，有 2 个是直接缝，有 2 个是斜接缝。这可显著减小空载损耗和空载流。硅钢片不冲孔，采用环氧玻璃粘带绑扎。铁芯用夹件夹紧，夹件与硅钢片之间有夹件油道，以作绝缘和冷却油流路径。

2. 绕组

TBQ8-4923/25 型主变压器有 4 个绕组，分别为高压绕组、牵引绕组、辅助绕组和励磁绕组，其电气原理图如图 3.27 所示。

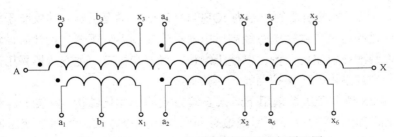

图 3.27　TBQ8-4923/25 型主变压器电气原理图

高压绕组从接触网吸取电能，作为变压器的原边绕组，额定电压为 25 kV。

牵引绕组用来满足机车牵引或机车电阻制动的需要，牵引绕组包括基本绕组和调压绕组，两个绕组的线圈匝数相同，电压相等。额定电压为（695.4+2×347.7）×2 V。

辅助绕组用来供给辅助设备用电，并通过电源柜向控制电路供电，其额定电压为 399.86 V，从该绕组抽头得到 226 V 的电源，供电炉等使用。

励磁绕组在机车电阻制动时，向牵引电机的励磁绕组供电，额定电压为 104.3 V。

高压绕组由布置在两个芯柱（靠近高压绕组 A 端的称为 A 柱，另一个称为 X 柱）上的两个连续式绕组并联而成。高压绕组总匝数为 1 438 匝，其中，A 柱绕组为左绕向，X 柱绕组为右绕向，两柱绕组并联，引线端子号为 A、X，额定电压为 25 kV。

3. 油箱

TBQ8 系列主变压器的油箱箱底用 10 mm 厚钢板制成，上面焊有用来限制器身移动的 4 个定位钉，并设有放油塞。箱壁长边用 8 mm、短边用 6 mm 的钢板焊接而成，为防止变形，四周焊有一些加强钢筋板。

上油箱用钢板制成，其内腔用来安装 4 台滤波电抗器。上油箱和下油箱的箱沿间垫有直径为 20 mm 的耐油圆橡胶密封圈，四周用螺栓紧固，以防漏油。上油箱装有储油柜和一个 WTZ288 型信号温度计。

4. 冷却系统

TBQ8 系列主变压器采用独立的强迫导向油循环风冷却系统。系统中设置有 STD-1 型铝冷却器，能承受 700 kPa 的压力。

冷却油循环通路：热油从油箱上部抽出，经油流继电器进入潜油泵进油口，经潜油泵加压后，进入冷却器。热油在冷却器内被吹风冷却，从冷却器出来的冷油沿油道进入油箱下部，冷油先冷却主变压器的铁芯、绕组，然后冷却平波电抗器的绕组、铁芯。此后冷油进入上油箱冷却 4 台滤波电抗器后，进入潜油泵的进油口，反复循环。

冷却系统的风路：冷却器上部装有通风机，冷却风从车体侧墙吸入后，经通风机进入冷却器散热管后排向大气。

在平波电抗器腔内设置有多处隔板，使油流按一定路径流动，此方式为强迫导向油循环方式。

3.2.2　JQFP-11620/25 型主变压器

HXD$_3$ 型电力机车主变压器的型号为 JQFP-11620/25，主变压器悬挂安装于机车车底的中间，原边电压通过高压电缆由受电弓经高压电器柜连接到主变压器。设计时，将需要经常检测及保养的部件装配在机车的两侧，以便于维护、保养和检查。主变压器采用油冷，具有温度油流、压力、布赫继电器等保护功能。

JQFP-11620/25 型主变压器采用下悬式安装方式的一体化结构，内装 1 台牵引变压器和 3 台谐振电抗器，变压器的冷却采用强迫导向油循环风冷方式。为缩小变压器体积和节省车内空间，变压器的储油柜集成在车内一个冷却塔里，变压器总重约 13.8 t，其中变压器油重 2.3 t。

1. 铁芯

HXD$_3$ 型电力机车主变压器的铁芯为芯式结构，由 0.3 mm 厚的有取向冷轧硅钢片叠成，芯柱采用多级近似圆形的截面，铁轭也为多级近似圆形截面，表面涂漆。夹件与硅钢片之间有夹件油道，以作为绝缘和冷却油流路径。因为采用强迫导向油循环冷却方式，下夹件上有油孔，从油冷却器出来的油通过油管进入油箱的集油腔，再通过下夹件的油孔，然后流向绕组。

2. 绕组

JQFP-11620/25 型主变压器的接线原理图如图 3.28 所示。

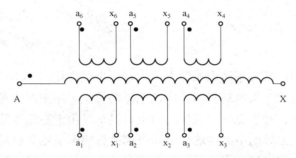

图 3.28　JQFP-11620/25 型主变压器的接线原理图

主变压器采用高阻抗绕组结构，使变压器内部空间磁场很强，大量采用无磁结构件。共有 3 种绕组：高压绕组、牵引绕组和辅助绕组。为了满足高阻抗的要求，变压器绕组采用层式线圈，线圈导线采用 Nomex 纸绝缘，具有耐热等级高、机械强度大的特点。高压绕组分别布置在 2 个柱上，8 个绕组相互并联，牵引绕组采用多根导线并联，之间互不相连，相互弱耦合。

由铁芯开始内侧为牵引绕组和辅助绕组，外侧为高压绕组，绕组绕在直径 20 mm 的绝缘筒上，整个绕组不浸漆。

3. 引线

JQFP-11620/25 型主变压器的引线设计结构紧凑，采用顶部电缆出线，占用空间少，电缆交叉处用绝缘纸板包扎，电流大的引线采用多根并联，可以随意弯曲，引线与端子之间采用冷压连接，操作方便，避免了焊接的麻烦。

4. 油箱

油箱采用钢板焊接，加磁屏蔽，避免漏磁干扰外部信号。在油箱壁下部装有活门，用于注油、滤油和放油。油箱壁的侧面安装有压力释放阀。油箱的两侧分别是储油柜和氮气膨胀箱，二者之间有管路连接。JQFP-11620/25 型主变压器采用真空注油，并注入一定压力的氮气，通过不同温度下氮气体积变化来调节储油柜中油位的高低，以补充油箱中的油量，并且使变压器油不与空气接触，从而减缓变压器油的老化过程。

思考题

1. 简述 TBQ8-4923/25 型主变压器的结构组成。
2. TBQ8-4923/25 型主变压器的保护装置有哪些?
3. TBQ8-4923/25 型主变压器绕组输出额定电压值是多少?
4. HXD$_3$ 型电力机车主变压器采用哪种方式安装? 安装在什么位置? 采用什么冷却方式?

任务 3.3   平波电抗器

任务描述

通过本任务的学习,掌握平波电抗器在电力机车上的应用。

平波电抗器是串接在牵引电动机回路中的电感装置,可用来减小整流电流的脉动,改善牵引电动机的换向条件。对于交—直流传动的电力机车,由于整流器输出电压是一个脉动电压,整流电路中必然产生脉动电流,这种脉动电流会影响牵引电动机的换向。因此,在牵引电动机回路中串联另外的电抗装置,可改善牵引电动机的换向,减少整流电流的脉动,这个电抗装置称平波电抗器,如图 3.29 所示。

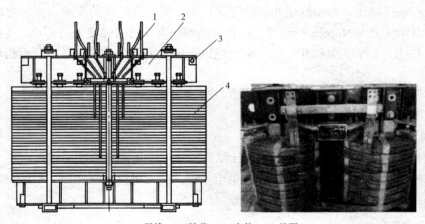

1—引线;2—铁芯;3—夹件;4—线圈

图 3.29   平波电抗器

从牵引电动机安全换向的角度来考虑,希望电流脉动系数尽可能小,并且在牵引电动机的负载范围内,电流脉动系数尽量保持不变。但在实际应用中,过分降低电流脉动系数是不可取的,因为 K_i 值过低则要求平波电抗器的电感量大,这就会使平波电抗器的体积和重量增加;同时使主变压器绕组中电流的高次谐波成分增加,而增加对附近地区通信线路的干扰。一般要求电流脉动系数 K_i 值在 20%~30% 的范围内,在额定工况下,K_i 约为 28%。

1. 铁芯

铁芯构成平波电抗器的磁路，如图 3.30 所示。

图 3.30　平波电抗器的铁芯

铁芯由硅钢片叠成，硅钢片的牌号为 DW465-50。这种硅钢片为晶粒无取向冷轧硅钢片，表面有涂层，但不很牢固，在冲剪、运输过程中要小心，不要碰破涂层。芯柱截面为 8 级，近似圆形。芯柱的中间部分做成分段，段间有气隙垫块。铁轭做成矩形，上、下铁轭和分段铁芯之间用不锈钢制的拉螺杆紧固。

与主变压器的铁芯不同，平波电抗器一般不能采用晶粒取向冷轧硅钢片。在额定工况下，平波电抗器的铁芯在交、直流同时励磁时，磁通密度已达到饱和（因为受尺寸和重量限制，磁通密度取得很高），若采用晶粒取向冷轧硅钢片，会造成电感量过低，使脉流系数超过 30%。而无取向冷轧硅钢片虽然起始饱和密度并不高，但高饱和时，它的磁曲线仍然具有较大的斜率，因而在高饱和工况下尚有较大的脉流电感，满足平波电抗器的需要。

铁芯中的磁通在通过气隙时，一部分垂直穿过，另一部分则由气隙外面绕行而过，后者称绕行磁通。气隙越大，绕行磁通越多，绕行磁通垂直穿过硅钢片边缘时，会产生较大的涡流损耗和噪声。气隙分段后，每段气隙相对减小，绕行磁通相应减少，产生的涡流损耗及噪声就显著减少，如图 3.31 所示。

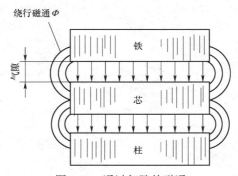

图 3.31　通过气隙的磁通

气隙分段布置对平波电抗器的电感特性有影响，因此，必须使芯柱气隙排放在绕组高度以内，至少低于绕组两个端面 10 mm，这样可以减少散磁通，使电感计算较为准确。

在结构设计、施工生产、故障检修时，要注意防止平波电抗器的铁芯短路。

平波电抗器的铁芯应接地。为了防止在试验或运行中由于静电感应作用使铁芯及各金属零部件间产生悬浮电位而导致局部放电，平波电抗器的铁芯必须确保一点可靠接地，接地设置就是为了确保铁芯一点接地的。分段铁芯用接地铜片相互连接后，再与下铁轭相连，上、下铁轭分别接地。

2. 绕组

平波电抗器绕组采用连续式，每个绕组匝数为 136 匝，用换位导线绕制。平波电抗器组装后进行整体浸漆处理。

思考题

1. 平波电抗器在电路中是如何接入的？
2. 平波电抗器安装在哪里？

参 考 文 献

[1] 于彦良. 内燃机车电传动[M]. 北京：中国铁道出版社，2008.

[2] 秦娟兰. 城市轨道交通车辆电机[M]. 成都：西南交通大学出版社，2016.

[3] 张龙，陈湘. 电力机车电机[M]. 北京：中国铁道出版社，2012.